Weihnachten

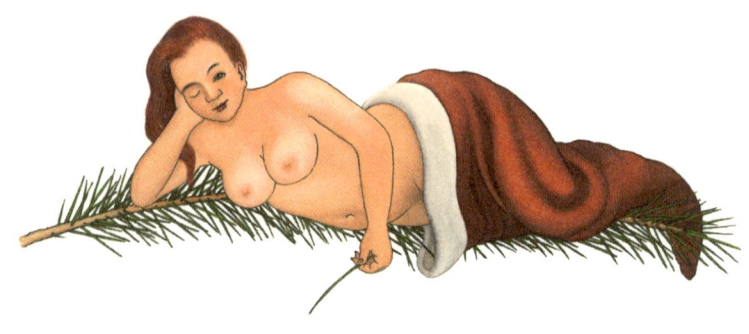

Das Buch

Alle Jahre wieder: Weihnachten! Der Höhepunkt der Feiersaison, das Fest der Liebe, der Geschenke und der Schlemmerei. Weihnachten ist besinnlich, ist überall, und das ziemlich laut. Weihnachten ist wichtig, ist kitschig und ein bisschen religiös. Zeit, eine Kerze anzuzünden und dem Lieblingsfest der Nation auf den Grund zu gehen.

Starkoch Vincent Klink badet mit Weihnachtskarpfen, erinnert sich an die Gänse von früher, untersucht die Alchemie des Schmorbratens und gibt Rezepte für ein ausgiebiges Weihnachtsgelage. Illustrator Nikolaus Heidelbach erzählt sein schönstes Weihnachtserlebnis, lässt die Engel fliegen und zeigt das Fest von unten, hinten und oben. Der Schriftsteller Wiglaf Droste schließlich besucht Gott an Heiligabend im Himmel, lässt ihn eine Fußballmannschaft zusammenstellen und ergründet das Männliche im Weihnachtsmann.

In unserem Hause ist von Wiglaf Droste, Nikolaus Heidelbach und Vincent Klink bereits erschienen:

Wurst

Wiglaf Droste

Nikolaus Heidelbach

Vincent Klink

Weihnachten

List Taschenbuch

Inhalt

Wiglaf Droste

Nikolaus Heidelbach

Vincent Klink

»Alle Menschen
feiern Weihnachten,
weil alle Menschen
Weihnachten feiern.«

KURT TUCHOLSKY

Wie wir uns Weihnachten beibrachten

Wenn man zusammen Wurst gemacht hat, kann man alles miteinander machen. Sogar Weihnachten. Und das kam so: »Wurst«, sagte der Verleger, lehnte sich in seinem ergonomisch räkeltauglichen Chefsessel zurück und stieß die Kuppen seiner gespreizten Finger gegeneinander, weil Verleger so etwas nun einmal tun, jedenfalls im Film. »Wurst war doch schön.« Er lächelte gewinnend. »Und was machen wir als nächstes?«

Die Luft im Raum wurde dünn. Wir anderen hatten unbequemere Stühle, damit wir schneller denken sollten. Lektor Lendle sagte nichts, sandte mir aber einen Blick zu, in dem ich die Worte »Saumseliger Abgabeterminüberschreiter!« zu erkennen meinte. Ob das eine Projektion war? Kaum; ich las in seinen Augen auch deutlich den Satz: »Der letzte Drücker ist ein Notfall, aber doch kein Lebensprinzip!« Der Mann hatte vollkommen Recht. Ich bin eine Deadlinekatastrophe.

So hielt auch ich mich zurück. Die beiden anderen waren sowieso unaufdringlich; Vincent Klink hat reichlich wegzukochen, und auch Nikolaus Heidelbach ist überhaupt kein Faulpelz. Sollten wir schon wieder extra arbeiten? Konnte man nicht erstmal in Ruhe die Tantiemen des Wurstbuches verzehren, bevor unser smarter Verleger sie am Ende noch allein in New York oder sonstwo durchbrächte? Wie kämen wir aus dieser Nummer ungeschoren heraus?

Eben gar nicht. Ich hielt mich für besonders gerissen und schlug das unmöglichste aller Bücher vor. »Weihnachten«, sagte ich. Damit wären wir aus dem Schneider. Mein Kalkül war: Zum Thema Weihnachten kann man wirklich kein Buch mehr machen. Und wir müssten das also auch nicht.

Ich hatte falsch kalkuliert. »Weihnachten also, aha«, wiederholte, zu meiner völligen Überraschung, der Verleger. Ich hatte mit deutlicher, wenigstens aber höflicher Ablehnung gerechnet. Stattdessen sagte er, noch überlegend: »Nicht schlecht.« Seine Stimme klang sehnig und gedehnt – aber vielleicht schreibe ich das nur, um die Verantwortung abzuwälzen und auch, weil »sehnig und gedehnt« gut klingt? Jedenfalls schien er mehr als nur vage interessiert, und so legte ich hastig nach und behauptete: »›Weihnachten mit Damen‹ wäre als Titel natürlich noch viel besser.«

Damit hätte die Sache vom Tisch sein sollen. Weder Verleger noch Lektor aber waren blöd. »›Weihnachten mit Damen‹ ist Unsinn!«, urteilten sie scharf. »Das Wort ›Damen‹ klingt schon lange nicht mehr seriös, das hat einen bösen Beiklang. Aber Weihnachten? Das ist klassisch. Das machen wir, das ist doch eine Aufgabe: Aus diesem vermeintlich komplett und kitschig kommerziell abgegrasten Thema die Substanz herausholen! Also – die Sache ist perfekt.«

Vincent Klink und Nikolaus Heidelbach sahen mich an, ich sah sie an. Einbrock, einbrock, das hatte ich ja sauber hingekriegt. Wir verließen das Verlagsbüro mit einem Auftrag in der Hand. Nur weil ich der Jüngste von uns Dreien bin, vermöbelten sie mich nicht. Wir erneuerten und festigten im Gegenteil unsere Freundschaft. Erst dann ging jeder seines Weges.

Die schwierigsten Aufgaben sind die besten. Nach kurzer Zeit trudelten die Ideen nur so ein. Weihnachten ist zentraler Bestandteil dessen, was man Kultur eines Abendlandes nennt, das längst zu seinem eigenen Abendprogramm herabgesunken ist. Doch auch die Beschwerde über den Untergang des Abendlandes ist so alt wie das Abendland selbst. Weshalb wir in dieses Geheul nicht einstimmen – sondern lieber nachkucken, was das war und was das ist, das Abendland mitsamt dem Weihnachtsfest.

So kam es zu diesem Buch.

Vorwort!

… blieb eigentlich nur der übliche Streit, wer das Vorwort schreiben dürfe. »Ich« – »Ich« – »Ich«, tönte es durch den Verlag, und fast hätten wir uns tatsächlich gestritten. Als hilfreich erwies sich hier einmal der Verleger: »Wer das schönste Weihnachtserlebnis schreibt, gewinnt, und das Vorwort haben wir dann auch!« Alle drei schrieben sofort los. Und hier ist der Gewinner:

Mein schönstes Weihnachtserlebnis

Im Dezember 1972 wurde an einem Kölner Gymnasium unter der Leitung des Kunstlehrers ein Anti-Weihnachts-Theaterstück aufgeführt. Es bestand aus mehr oder weniger locker aneinandergereihten Sketchen, Musiknummern und schwarzem Theater. Vorgeführt von den Schülern der Oberstufen-Kunst-AG wurden Konsumfetischismus, Bigotterie und deutsches Spießertum heftig angeprangert. Die Schlussszene spielte am Hl. Abend nach der Bescherung; Vater, Mutter und zwei Kinder sitzen im Wohnzimmer beim Christbaum und sehen fern. Die Kinder haben Kriegsspielzeug zum Fest bekommen und hantieren mit Pistole und Maschinengewehr herum. In einem Umzugskarton mit ausgeschnittenem Bildschirm sitzt ein Nachrichtensprecher und verliest ausschließlich Kriegsnachrichten. Die Kinder rufen: »Wir wollen mitschießen! – Wir wollen mitschießen! – MIT-SCHIE-SSEN!« und zielen auf die Eltern. Die Eltern wehren ab und sagen beide: »Schießt doch auf was anderes … z. B. den Engel da hinten.«

Tatsächlich stand die ganze Zeit im Hintergrund ein Engel mit wallendem blondem Haar und einem bodenlangen weißen Gewand. Jetzt von einem Scheinwerfer erfasst, hebt er beschwörend beide Arme. Die Kinder legen auf ihn an und schießen unter infernalischem Lärm (vom Band), was das Zeug hält.

Der Engel krallt die Hände in die Brust, Blut spritzt, er stürzt vornüber, rafft sich stöhnend wieder auf, wird wieder schwer getroffen, taumelt drei, vier Meter nach vorne, stürzt erneut lang hin, kommt jedoch noch einmal hoch, auf allen Vieren schleppt er sich die letzten Meter zur Bühnenrampe, bäumt sich ein letztes Mal auf und bricht, blutüberströmt mittlerweile, endgültig über der Rampe zusammen! – Vorhang.

Der Engel war ich, und die Haare waren echt. Unter dem Gewand trug ich Knieschoner und jede Menge kleine Plastikbeutel mit roter Farbe. Der einzige Fehler war, dass ich mich auf meinen acht Metern Todeskampf nicht selbst sehen konnte. Video gabs noch nicht. Mein schönstes Weihnachten wars trotzdem.

Natürlich habe ich heute einen viel entspannteren Blick auf Weihnachten, genau wie meine beiden Mitstreiter, deren schönste Weihnachtserlebnisse irgendwo im Buch versteckt sein müssen. Frohes Fest!

Der Weihnachtsgans
erster Teil

Keiner Gans wünsche ich, dass sie mir am Martinstag über den Weg läuft. Ist der Ofen unausweichlich, dann hoffe ich, dass während des vergangenen Gänselebens die Ansprüche erfüllt wurden, die einem Opfertier angemessen sind: freier Auslauf, reine Körner und ein klarer Tümpel.

Nach Martini, auf Weihnachten zu, wird das Tier noch mal richtig aufgemästet. So ist eine Weihnachtsgans etwas ganz anderes als der Braten zum Sankt Martinstag.

Ein unpraktisches Vieh, dieser Weihnachtsbraten, für vier Personen zu viel und für sechs zu wenig. Wie auch immer, mit traditionellen Zutaten: Semmelfüllung, Kastanien, oder wie im Schwabenland mit Spätzle und Kartoffelsalat und – ganz wichtig – mit viel Sauce kriegt man viele Mäuler mit Freud und Lust recht satt.

Fettfrohe Familienfeste können sehr friedensstiftend sein. Vertragen sich die Verwandten unterm Jahr nicht, unter dem Diktat der Gans werden alle Beteiligten sanft, nachsichtig, allerdings auch schläfrig. Gänse waren schon immer für den Frieden gut. Sie beschützten die Römer und retteten sie oft vor Angriffen unserer keulenschwingenden Altvorderen.

Nicht nur der Wachsamkeit oder der Daunen wegen erhoben sie sich über anderes Getier. Ihre Intelligenz ist in dem Maße sprichwörtlich, dass man nicht behaupten könnte, ihre wahre Bestimmung sei die Bratröhre. Gerne wünsche ich vielen Gänsen das Überleben und dass sie sich über die Feiertage retten können.

»Gänse, viel Glück!« möchte ich ihnen zurufen. »Ihr habt das erste Jahr überlebt. Nun seid ihr vom Leben gestählt. Euch drohen wegen durchtrainierter Muskeln und Hartfleischigkeit nur noch unwissende Amateurköche, die auch vor ›Gusseisernem‹ nicht haltmachen. Jawohl, Überlebende: Irgendwann einmal werden wir die alten Tage auf dem Lande zubringen. Ihr bekommt alles, was zum Glück gehört, auch den oft verweigerten Tümpel, der so wichtig ist für euch. Ich werde ihn graben, und ihr werdet mich beschützen.« Könnte ich mit diesen guten Vorsätzen nicht gleich anfangen? Oder nicht? Oder doch? Da müssen wir unbedingt bald darüber reden. Dies aber erst nach Weihnachten.

Zur Weihnachtszeit Besinnlichkeit

Advent ist, wenn der Pfarrer schreit:
Besinnlichkeit! Besinnlichkeit!

Nur weiß, ob Heide oder Christ,
Der Mensch oft gar nicht, was das ist.

Ist Besinnlichkeit beschieden
Dem, der stille hält, und Frieden?

Soll man wirklich all sein Denken
In Kontemplation versenken?

Draußen weihnachtsmarkten alle,
Strampeln in der Kaufrauschfalle,

Machen nichts als Remmi-Demmi,
Lauter als Motörheads Lemmie,

Stopfen sich mit Formfleisch-Häppchen
Voll und jagen geizgeil Schnäppchen,

Gieren auf den schnellen Fitsch. –
Dazu flimmert Weihnachtskitsch.

Pubertäter laufen Amok,
Hören niemals Béla Bartók,

Statt wie früher Schach und Mühle,
Treiben sie jetzt Kopf-ab!-Spiele.

Ach, die Welt ist ungeheuer
Ähnlich doch dem Fegefeuer.

Kann Besinnlichkeit uns lehren
Sich der Hölle zu erwehren?

Worauf soll man sich besinnen?
Matchboxautos? Regenrinnen?

Soll man grübeln, was vergebens
Ist, und was der Sinn des Lebens?

Nützt es, wenn ich mir befehle:
Mensch, sei edel in der Seele?

Soll ich geistlich mich erbauen?
Oder mich im Wirtshaus hauen?

Fäuste hoch, Gebrüll und Streit. –
Ist das noch Besinnlichkeit?

Eines gilt von Kiel bis Zandvoort:
Wer viel fragt, der kriegt viel Antwort.

So ist schnell und gar nicht bange
Eine Klopperei im Gange.

Augen schwellen, Knochen bersten
Nasen bluten. – Kerl, was zerrst'en

An mir rum? Ich wämms dir eine!
Mach dich weg! Lass mich alleine.

Denn sonst haue ich dir munter
Ganz besinnlich eine runter.

So, nun reicht es. Zeit zu gehen.
Alle, die längst nicht mehr stehen

Können, haben einen sitzen.
Grinsen breit wie die Haubitzen

Äußern in Rührseelenliedern
Ihren Wunsch, sich zu verbrüdern.

Falsche Farben

Wollen, nach den Prügelein
Freund und Mitmensch wieder sein.

Dialektik, frei nach Hegel:
Steigen muss zunächst der Pegel.

Das Niveau indes darf sinken.
Dafür sorgt das Wirkungstrinken.

Und an diese guten, alten
Regeln soll der Mensch sich halten.

Auch der Gastwirt wird sie loben
Denn der Umsatz rauscht nach oben.

Aller Lärm löst sich ganz friedlich
Auf, die Sache wird gemütlich,

Froh entballt sind alle Hände,
Sinken abwärts, und am Ende

Herrscht Besinnlichkeit, herrscht Ruhe. –
Wie in Omas Wäschetruhe.

Die Karpfenstory

Im Weihnachtsbuch sollte unbedingt ein Karpfenrezept sein, ist doch der Karpfen ein ausgesprochenes Festtier. Man denke nur an den Karpfen Ferdinand, der es zum Fernsehhelden gebracht hat, indem er Weihnachten in der Badewanne überlebt hat. Noch ist längst nicht Weihnachten, die Rezepte kenne ich zwar, doch weiß ich nicht allzu viel von dem Tier. Das muss sich ändern. Auf zum Besuch beim Karpfen Ferdinand und seinen Geschwistern.

Der Tag ist heiß, selbst auf dem Motorrad. Ich knattere leicht bekleidet, aber im schwarzen Integral-Helm siedet mein geniales Köpfchen. Nicht umsonst spricht der Biker von seinem Helm als dem Eierkocher. Indianer und Köche spüren keinen Schmerz. Ich halte heroisch die Richtung nach Nürnberg. Die Hitze ist unerträglich, ich schwitze wie verrückt. In der Nähe liegt Neustadt an der Aisch. Hier wohnen die Fische mit dem hohen Rücken, die Aischgründer Karpfen. Hinter der Stadt im Aischgrund reiht sich ein Karpfenteich an den anderen. Momentan interessiere ich mich aber nur noch dafür, wie ich meinen Köper zu Wasser lassen könnte. Niemand hier hat für mich Verständnis, überall sind Schilder montiert: »Baden verboten!«

Nachdem ich mit den Jahren selbst die Silhouette eines Karpfens angenommen habe, wähne ich mich berechtigt, den »Dickschiffen« in den Teichen einen Besuch abzustatten. Kopfsprung in unbekanntes Gewässer machen nur ganz Doofe, also nehme ich Anlauf zu einer veritablen Arschbombe. Das Wasser stiebt auseinander wie einst in Pearl Harbour.

Das war's schon. Ich sitze fest. Das brühwarme Wasser kühlt mir weder Leib und schon gar nicht den Kopf, es schlägt nicht einmal über mir zusammen. Der verdammte Teich ist nicht einmal einen Meter tief. Den Aufschrei lasse ich im Halse stecken. Ich hocke in der Soße, als hätte man Buddha in einer Fangopackung mariniert. Für Karpfen ideal, nicht aber für mich.

Der Schlamm ist zäh wie Altöl. Mühsam pflüge ich ans Ufer, das nicht einmal einen Meter entfernt ist. Der Teich will mich nicht mehr loslassen, und sicher brauche ich eine Viertelstunde, bis ich mich endlich fix und fertig am Schilf aufs Trockene gezogen habe. Ich kann nicht sagen, wie oft ich das Wörtchen Scheiße vor mich hingebetet habe.

Gott sei Dank bin ich der einzige Irre, der sich in der Mittagshitze an den Gestaden zu schaffen gemacht hat. Der schwarze Schlamm muss abgewaschen werden. Ich schaue an mir hinab und kann mir denken, dass ich aussehe wie von einem anderen Stern. Der Schlamm haftet an mir wie flüssiger, rabenschwarzer Kautschuk. Ich muss zurück ans Wasser. Kurzum, es dauert weit mehr als eine halbe Stunde, bis ich wieder einigermaßen zivilisiert in meine Kleider steigen kann. Sehe ich da ein Karpfengrinsen aus dem Teich?

Ursprünglich stammt der Karpfen aus Asien, die Römer brachten ihn nach Europa. Im Mittelalter wurde er von den Klöstern als Nebennutzung in Teichen gehalten. Den frommen Leuten ging es hauptsächlich darum, ohne Gewichtsverlust und Engerschnallen des Gürtels durch die Fastenzeit zu kommen.

In Deutschland gibt es zahlreiche Karpfenzuchtbetriebe, besonders in der Oberlausitz nördlich von Bautzen, in Franken im Aischgrund (Landkreis Erlangen-Höchstadt), in der mittleren Oberpfalz im Landkreis Schwandorf, im Oberpfälzer Stiftland (Landkreis Tirschenreuth) sowie in Peitz, unweit von Cottbus und in Reinfeld in Holstein.

Der Karpfen ist im Osten, vor allem in Böhmen und dem angrenzenden österreichischen Waldviertel, zu Weihnachten geradezu ein Wappentier. Für manche Tschechen ist eine Weihnacht ohne Karpfenessen nach wie vor undenkbar. Er wird in der Regel lebend verkauft, erst zu Hause geschlachtet – wenn er das Pech hat, kein Ferdinand zu sein –, meist paniert und mit viel Zitrone serviert. Es sind aber auf den Speisekarten tschechischer Gasthäuser meist fünf bis zehn verschiedene Zubereitungen angeboten, z. B. gekocht in Gewürzsud, gegrillt, scharf mit Paprikagemüse etc.

In Deutschland ist unter anderem Franken eine Hochburg des Karpfens. Dort weiß man, wie man den Karpfen isst, ohne an den Gräten zu ersticken.

In meinem Restaurant kann ich nur grätenfreies Karpfensoufflée anbieten. Vor dem halben Karpfen, mit Kopf dran, hat der Schwabe mehr Angst als vor der Enteignung seines Bausparerhäusles. Der Franke hat die nötige Coolness, um sich dem Tier angemessen zu nähern. Er isst, wie er spricht, langsam und sanft. Jährlich werden allein aus den Aischgründer Teichen tausendzweihundert Tonnen gefischt. Die verspeist der Franke fast alleine, und zwar so: Zuerst werden die Flossen gezogen und abgelutscht. Man beginnt nun an der Bauchseite, sich in Richtung Rücken vor zu essen. Bald werden die Gräten sichtbar, und eine nach der anderen wird entfernt. Es sind derer über neunzig. Mit der bundesrepublikanischen Hektik, mit der Bratwürste zersäbelt werden, würde die Gourmandise im Fiasko enden. Also immer schön gemütlich, auch bei der Aischgründer Spezialität des gebackenen Karpfens. Dieser wird einschließlich Kopf und Flossen längs in zwei Hälften gespalten, in Mehl gewendet und in schwimmendem Fett gebacken. Die Flossen sind dann knusprig und eine Delikatesse.

Karpfensoufflée
Zutaten für zwei Personen

200 g	Karpfenfilet ohne Haut
¼ l	Sahne
2	Eigelb
1 EL	gehackter Kerbel
1 EL	Pernod
1 TL	Bio-Gemüsebrühenpulver
1 Msp.	Piment
1 TL	frisch geriebener Ingwer
1 TL	Thymianblättchen
	Salz und weißer Pfeffer aus der Mühle

Das Karpfenfilet in Streifen schneiden und mit Thymian, Ingwer, Eigelb, Gemüsebrühenpulver und der Hälfte der Sahne in den Cutter geben und zu einer glatten Masse mixen. So viel Sahne hinzugeben und weiter cuttern, bis die Masse glatt ist und glänzt, aber nicht zu flüssig wird. Kerbel und Pernod untermischen und alles in gebutterte Förmchen füllen. Bei 180 Grad 20 Minuten in den Backofen geben.

Sauce

2	gehackte Schalotten
1	gepresste Knoblauchzehe
¼ l	Weißwein
1 EL	Butter
1 EL	gehackter Kerbel
1	Lorbeerblatt
2	Eigelb
1	feingehackte Fischkarkasse

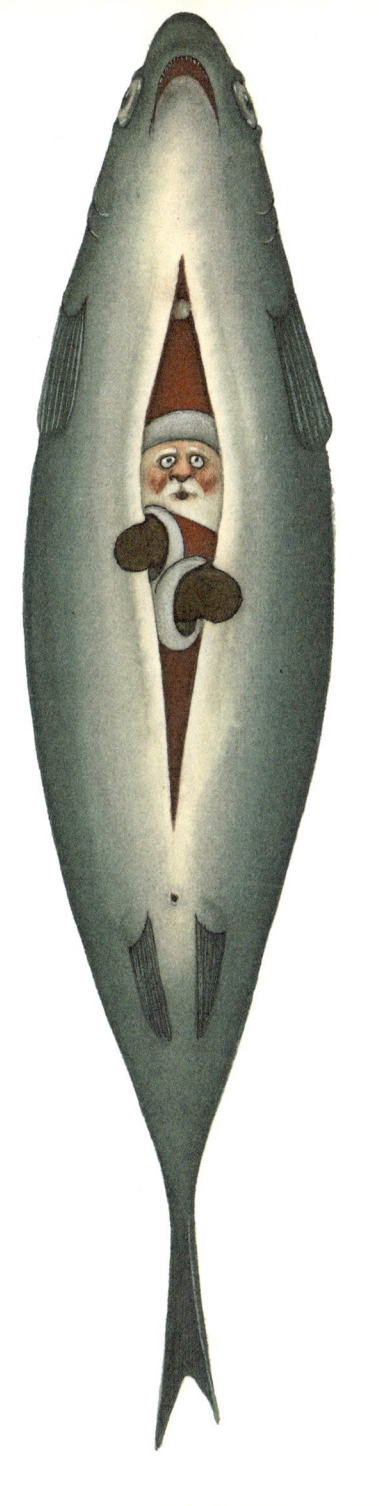

Schalotte und Knoblauch mit den gehackten Fischknochen und etwas Butter andünsten, Lorbeerblatt und Kerbel dazugeben und mit Weißwein auffüllen.

Alles einkochen und mit Pfeffer und Salz abschmecken. Passieren. Eigelbe in eine Kasserolle geben, den etwas abgekühlten Fond dazu und auf dem Feuer schaumig schlagen. Mit der Butter abbinden.

Karpfenfilet mit Lebkuchen und Weißbier
Zutaten für zwei Personen

2	Karpfenfilets
1	Karotte, feingewürfelt
1	Schalotte feingehackt
15	Knoblauchzehen
1 Bund	Petersilie, feingehackt
1	Lorbeerblatt
1	Nelke
1 Msp.	Pimentpulver
½ l	Weißbier
50	Soßenlebkuchen (www.leupodt.de)
2 EL	Butter
	Saft einer Zitrone

Zu diesem Rezept wurde ich durch das berühmte Rezept »Karpfen polnisch« angeregt.

Den Karpfenfilets die Haut abfilieren, indem man mit dem Messer zwischen Haut und Fleisch entlangfährt.

Die Filets pfeffern und salzen, in Butter von beiden Seiten drei Minuten anbraten. Mit Bier ablöschen. Eine Minute weiterkochen, dann die Karpfenfilets aus der Pfanne nehmen und warm stellen. Gequetschten Knoblauch, Schalotte, Karotte, Zitronensaft und Gewürze in die Pfanne geben. Den fein zerkrümelten Lebkuchen einstreuen. Zehn Minuten durchkochen. Passieren und abschmecken.

Ist die Sauce fertig, die Filets in der Sauce noch einmal durchheizen und mit der Sauce bedeckt zu Tisch bringen. Die ideale Begleitung dazu wären Kartoffeln.

Rot-Weiß Weihnachten

Elf Weihnachtsmänner sollt ihr sein

Am Zweiten Weihnachtstag schneite es. Wenn man den Lärm der Flugzeuge ignorierte oder sich weiche gelbe Pfropfen in die Ohren stöpselte, war es richtig still im Himmel. Die Gäste waren entweder irgendwo draußen unterwegs oder schliefen ihre Räusche aus. Gott saß in seiner Bibliothek, nutzte die Muße und durchkramte eine Schachtel mit alten Fotos. Er hatte viel gesehen und erlebt, das hatte seine Leidenschaften ziemlich gedämpft. Doch als er unverhofft die Bilder seines Fußballvereins in der Hand hielt, durchglomm ihn noch einmal Feuer.

Rot-Weiß Weihnachten war eine legendäre Mannschaft gewesen, und er hatte als Spielertrainer viel Spaß mit den Jungs gehabt. »Die elf Weihnachtsmänner« hatte man sie im Sportteil scherzhaft genannt. Die Fotografien stimmten ihn versonnen und selig. Ja, damals hatte man eine Mannschaft noch behutsam über die Jahrhunderte aufbauen können. Er selbst hatte im Tor keine schlechte Figur gemacht. Und was für Kollegen er gehabt hatte! In der Verteidigung waren die großen Griechen Aristoteles, Platon und Sokrates eine Bank. Die drei spielten so was von ausgeschlafen, die ließen nichts anbrennen, da musste man über Ersatzspieler nicht nachdenken. Nur Sokrates trank ein bisschen, das konnte womöglich schiefgehen.

Aber notfalls sprang der vierte defensive Mann für ihn in die Bresche. Schopenhauer war der härteste Vorstopper, mit dem Gott je gearbeitet hatte. Gegen diesen Mann halfen keine Tricks, er durchschaute alle, sagte

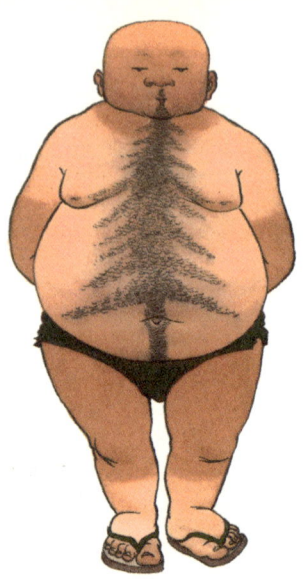

zu allem und jedem nein und machte kompromisslos die Räume zu. Manchmal war das fast schon humorlos, wie Schopenhauer seinen Gegnern den Schneid abkaufte. Der Mann nahm wirklich jedem den Optimismus.

Das Mittelfeld war ein deutsch-französisches Kunstwerk: Hegel und Marx schirmten nach hinten ab und legten für Rabelais und Voltaire auf. Die beiden Franzosen waren Gottes große Freude. Sie hatten alles, dessen es bedarf: klare Übersicht und eine feine Technik, die notfalls aber auch eine ruppige Seite zeigen konnte. Sie hatten ein Herz und die Fähigkeit, es in beide Hände zu nehmen. Ihren düpierten Kontrahenten zeigten sie stets die Hacken und alles, wovon andere nur redeten: Zug zum Tor, Spielwitz, Spielkultur.

Im Sturm hatte Gott allerdings Probleme gehabt. Der Neuling Ayatollah Chomeini hatte sich als eiskalter Knipser aufgedrängt. Persönlich war der Mann nicht sein Fall; Chomeini schwang in der Mannschaftskabine beinahe so viele Reden wie der von Gott gleich beim ersten Training aussortierte Beckenbauer. Schlussendlich aber brachte Gott den Iraner. Als zweite Spitze hatte er Saddam Hussein im Auge gehabt, doch der ließ sich zu sehr hängen. Also doch Nietzsche? Gottes Lieblingssohn war zugleich sein größtes Sorgenkind. Nietzsche war extrem verletzungsanfällig; von dem Zusammenprall mit Richard Wagner im Spiel gegen die Braunen Teufel hatte er sich nie richtig erholt.

Gott grübelte. Kant könnte gehen. Oder wen sonst sollte er holen? Wittgenstein? Zu teuer und wohl auch überschätzt. Feuerbach? Ein guter Mann für die Zweite Liga. Sartre oder Camus hatten Ansätze, waren aber noch nicht so weit, und dann hätte er für sie auch das gesamte System umstellen müssen. Und Existenzialismus war nun wirklich nicht sein Ding. Adorno und Horkheimer waren gut eingespielt, wollten aber nur zusammen auf den Platz, und mit Chomeini oder Nietzsche kamen sie nicht klar, da stimmte einfach die Chemie nicht. Also hatte Gott sich damals für Gerd Müller entschieden. Die Gespräche waren ein bisschen zäh gewesen, aber der Mann hatte seine Tore gemacht, und nach Spielende konnte man gut einen mit ihm trinken.

An der Tür ertönte Lärm. Gott legte die Fotos in den Schuhkarton zurück. Es waren gute Zeiten gewesen bei Rot-Weiß Weihnachten, jedenfalls weit angenehmere als diese. Ein naseweises Kind betrat ohne anzuklopfen seine Privaträume und krähte ihn an: »Hallo Mister Gott – hier spricht Anna!«

»Mein Gott!«, dachte Gott. »Gegen Eltern, die ihre Töchter Anna nennen, könnte ich doch wirklich einmal etwas unternehmen. Wir sind hier doch nicht im Feuilleton!« Gott seufzte. »Wenn ich nur nicht so gleichgültig und phlegmatisch wäre …« Müde wedelte er das freche Blag aus dem Zimmer, schloss die Tür, streckte sich auf einer Chaiselongue aus und träumte von der besten Mannschaft, mit der er je angetreten war.

Der Weihnachtsgans
zweiter Teil

In den fünfziger Jahren leistete sich mein elterlicher Tierarzthaushalt noch eine Hausangestellte. Frau Slonek, die stets fidele Glucke mit grausträhniger Bürzelfrisur, war immer in eine Kittelschürze gepackt. Die war viel zu eng und modellierte deutlich vertrauenerweckende Hüften. Sie redete im Singsang der böhmischen Mehlspeisenvirtuosen. In der Küche hantierte sie souverän und verlieh unserem Haushalt wienerische Großzügigkeit. Im Grunde war – für damalige Verhältnisse – jeder Tag ein Fest. Übergewicht war obligat, und so nahm meine Kindheit ihren Lauf. Kaum von der Schule zu Hause, war ich bereits wieder am Naschen. In der Adventszeit wurden täglich Vorräte für die Weihnachtszeit gebacken: Springerle, Kokosmakronen, Lebkuchen, Rosinenbrötle und vielerlei ausgestochene Mürbteigplätzchen. Ich suchte mir die besten aus, was bei der temperamentvollen Zuckerbäckerin keineswegs Beifall hervorrief. Sie scheuchte mich mit den Armen wedelnd weg, so wie man einen unangenehmen Geruch vertreibt.

Drei Tage vor Weihnachten war es dann so weit. Die Weihnachtsgans musste ins Haus. Mit Opa, Oma und deren Haushälterin Agathe wurde in aller Herrgottsfrühe die Reise ins Nördlinger Ries angetreten. Das ist ein fruchtbarer, mit Humus gefüllter Krater, den der Einschlag eines riesigen Meteoriten verursacht hatte. Eine Bauerngegend, die von der Industrialisierung und den Zeitläuften bis in unsere Tage vergessen wurde.

»Opa, schalten!«, brüllte ich aus Leibeskräften – der VW zwölfhundert mit Arschbackenfenster pfiff bei »achtzig Sachen« im dritten Gang wie ein Kampfhubschrauber beim Alarmstart. Opa war stocktaub. Von unten prasselte der Rollsplitt und links zog der Ipf vorbei. Wie jedes Mal wurde ich von dem pensionierten Oberstudienrat zur Landschaft examiniert. Der Ipf war immer Gegenstand engagierten Unterrichts, sodass mit dem Auto kaum die Spur gehalten wurde. Der Berg ist bemerkenswert glatzköpfig, eben wie ein Brotkipf.

Von der Bundesstraße waren wir bereits abgebogen, und auf dem Kalkweg zogen wir einen Kondensstreifen falben Staubs hinter uns her. Unser Ziel kam in Sicht. Der Kirchturm Zipplingens lugte zwischen längsziselierten Äckern hervor. Die Felder waren noch nicht umgepflügt, und einige Gänseherden stocherten in Haferstoppeln.

»Ohne stopfen wird die Gans nur ein Hungerling.« Das war Theresens These. Die Bäuerin war sozusagen die Gänseliesel. Hier auf dem Hof der Oettles, auch »der untere Schmied« genannt, verbrachte ich immer meine Sommerferien. Oft hatte ich Gelegenheit, das Gänsestopfen zu beobachten. Allerdings aus sicherer Entfernung. Ich war ein kleiner frecher Angsthase. Die Gänse fürchtete ich mehr als alles andere auf der Welt. Wer das Fauchen des erzürnten Federviehs je vernahm, bleibt ein für alle Mal in respektvoller Distanz. Gänse sind ernste Tiere, mit strengem Blick und arrogantem Selbstbewusstsein. Jeder Stolz kam ihnen jedoch abhanden, wenn Therese sie auf einem Hocker vor dem Haus sitzend hernahm. Den langen Rock zwischen den Knien nach hinten geschlagen, packte sie eine Gans am Hals und klemmte sie zwischen ihre Schenkel. Der riesige Ganskörper war vom Rocktuch völlig begraben und der Kopf ruhte am Busen der Bäuerin. Gänse sind sinnlich und mögen das. Sie sind auch verfressen, und sie umringten zankend den Ort der Speisung. Jede wollte zuerst die Schupfnudeln aus Haferschrot und Wasser in den Hals gedrückt bekommen. Sommers waren noch gehackte Brennnesseln untergemischt. Da konnte das unvergleichliche Aroma nicht ausbleiben, das meine Großeltern jedes Jahr voller Vorfreude auf den Weihnachtsschmaus nach Zipplingen trieb. So wurden Prioritäten vorgegeben. Eine Gans kostete so viel wie ein Paar neue Schuhe. Wichtiger war die Gans. Opa war in Sorge, ob die Gänse auch dieses Jahr optimal gediehen waren. Ungeduldig stürzten alle nach wärmendem Kathreiner-Kaffee ins Freie. In Gedanken an knusprige Bruststücke ging man in den Wind, der von Schloss Baldern herabwehte. Ein Stück des Feldwegs, und man fand sie. Die Gänseherde schnäbelte am Wiesenbächlein. Therese kannte jedes Tier mit Namen und die Auswahl erfolgte nach simplem Rezept. »A Weible isch zart«, hat zwar mehr Fett, ist aber dem größeren Gänserich geschmacklich voraus. Opa hatte traditionell ein Stückchen der roten Schleife des Adventskranzes abgeschnitten, und Therese stülpte es der schönsten Gans über den Kopf. Die Stoff-Halskrause rutschte locker bis zum Bauchansatz hinab und prangte wie ein Orden. Die Gans war mindestens fünf Kilo schwer und nun für uns reserviert und geadelt. Niemand wäre je auf den Gedanken gekommen, dass die Auszeichnung ein Todesurteil signalisierte.

Man saß wieder in der großen Küche, die vom Brotbackofen gewärmt wurde. Most wurde in Senfgläschen ausgeschenkt, und ich bekam Milch. Speck und Bauernbrot gab es dazu. Opa kaufte einen ganzen Schinken und übergab Therese den mitgebrachten Koffer, in den einzeln in Zeitungspapier gewickelte Eier gepackt wurden. Die Eier waren in der backwütigen Weihnachtszeit besonders wichtig. Es wurde Zeit für den Heimweg, der unbedingt noch bei Tageslicht zurückgelegt werden wollte. Kurzer, aber herzlicher Abschied, nachdem der Bäuerin das Geld in die Hand gezählt worden war. Oma musste noch irgendwelche Mitteilungen an die Bäuerin loswerden, von deren Wichtigkeit mein Opa gar nicht überzeugt war. Er saß im Auto und hupte ungehalten. Wir holperten in gemächlicher Fahrt an den hohen Pappeln entlang der Hauptstraße zu.

Opa hatte, wenn auch nicht viel, so aber für seine maßvollen Gewohnheiten reichlich Most intus. Er konzentrierte sich angespannt, um nicht von der Straße abzukommen. Agathe saß vorne mit gerecktem Hals sozusagen auf »Ausguck«. »Langsam, Kurve, Stopp, rechts ab«, gab sie ihre Navigationskommandos. Ich war dafür zuständig, dass immer wieder mal geschaltet wurde und der ständig hochheulende Motor Erholung bekam. Oma neben mir sinnierte mit nach innen gerichtetem Blick. In der Gewissheit der wöchentlichen Beichte und Absolution war sie durch nichts zu ängstigen. Den Eierkoffer auf ihrem Schoß umklammerte sie wie eine Eroberung.

Behinderter Weihnachtsengel lässt die Erde links liegen

Fata Morgana

Was schwappt, rumort nicht

Die Ur-, Geburts- und Festtagssuppe

Besonders geeignet ist diese Suppe, um nach einer großen Anstrengung verzehrt zu werden – zum Beispiel im Anschluss an eine Ursuppe, also eine mittlere Hausgeburt. Nach sechs bis acht Stunden heftiger Viecherei liegt die junge Frau, die eben zur Mutter mutiert ist, matt, aber glücklich in den Kissen, das Kind an die milchmächtige Brust gelegt. Auch die Hebamme, der frisch gebackene Vater und die beste Freundin der Gebärenden, die nach Kräften mithalfen, hängen erledigt im Gestühl. Die Euphorie über den Eigenbeitrag zur Bevölkerungsexplosion wird durch körperliche und geistige Erschöpfung gedämpft. Hier hilft die Festtagssuppe, die der junge Vater in weiser Voraussicht schon tags zuvor gekocht hat.

Am Tag der Geburt hat er dafür keine Zeit mehr, denn da wird er zum lebenden Gebärsessel, in den die werdende Mutter sich hineinsetzt. Er hält sie gut, spricht mit ruhiger, sonorer Stimme ermunternde Worte in sie hinein, streicht ihr über den Kopf und drückt, wenn ihre Kräfte erlahmen, mit seinen Händen ihre Knie auseinander. Wenn sie auf Drängen der Natur und auf Geheiß der erfahrenen Hebamme tut, was man gemein und gemeinhin Pressen nennt und ihn, den Gebärsessel, dabei mit Körperlichkeiten in Rot, Gelb und Braun betunkt, zickt er nicht herum, sondern beruhigt im Gegenteil die Frau, weil das völlig in Ordnung ist und sie sich um Himmels willen nicht dafür schämen, sondern einfach in Ruhe weitermachen soll. Schließlich zählt der junge Vater nicht zu jenen Knilchen, die einen Gebärvorbereitungskurs absolviert haben, um

auch bei der Geburt noch alles besser zu wissen und ihrer Frau auf-trumpfend mitteilen zu können: »Schatz, du presst falsch!«

Hat er das Kind – schwupp! – herausflutschen sehen und es, be-schmiert wie es kam, freundlich begrüßt, durchschneidet er die Nabel-schnur, steht auf, herzt alle Beteiligten, säubert sich beeindruckt und trägt den rotbraunen Brocken Nachgeburt in einer Plastiktüte zum Hausmüll – ein Esoteriker, der das Zeug bebrummelt, vergräbt und dann einen Baum darauf pflanzt, ist er nicht. Anschließend kredenzt er seine

Die Ur-, Geburts- und Festtagssuppe
Zutaten für sechs bis acht Personen

1	großen Kochbottich, auch Pol Pott genannt
1 Pfund	Kalbfleisch
2	Gemüsezwiebeln
3	rote Paprika
3	gelbe Paprika
2	Schlangengurken
1 Glas	Gewürzgurken
	(am besten selbst scharf eingeweckt)
½ l	Schlagsahne
½ l	saure Sahne
	weißen Balsamicoessig (oder Estragonessig)
	reichlich Estragon
1 l	Gemüsefonds oder -brühe

Festtagssuppe; ein, zwei Teller davon gespachtelt und dazu ein paar Gläser klatschkalten Champagner oder Wodka weggegluckert, und schon bald ist die junge Mutter wieder auf dem kurz zuvor von der Hebamme durchtrennten Damm.

Sollte gerade keine Hausgeburt zur Hand sein, ist auch jeder andere Kraftakt – wie etwa ein heftiges Gelage – Anlass genug, die Festtagssuppe zu kochen.

Als Gemüsebrühe wählt man am besten das Produkt Würzl aus dem Hause Bruno Fischer; Herr Fischer nämlich stellt nicht nur die beste Gemüsebrühe des Landes her, die ohne Gluten, Cholesterin und Speisewürze auskommt, sondern versieht die Etiketten seiner nachfüllbaren und qualitätsbewahrenden, weil die Gemüsebrühe vor Lichteinfluss schützenden Braungläser auch mit Bibelzitaten – zum Beispiel mit diesem aus dem 1. Petrusbrief:»All eure Sorgen werft auf ihn, denn er sorgt für euch.«

Das ist praktisch gedacht, und so kann man, statt seiner Sorgen, günstigerweise die kleingeschnittenen Kälbchen, Gemüsezwiebeln und Paprika (oder sagt man: Papriken?) in den Topf werfen und in Butter und Olivenöl anbraten. Mit Salz und frisch gemörsertem buntem Pfeffer würzen und auf kleiner Flamme dünsten; später die kleingehackten Gurken dazugeben. Den Topf zu ¾ mit Gemüsebrühe auffüllen. Essig unterrühren. Die Sahne dazugießen. Mit Estragon bestreuen, umrühren und lange ordentlich durchblubbern lassen. In vorgewärmten tiefen Tellern servieren.

Besonders erfreulich ist, dass man die Suppe anderntags auch kalt essen kann. Sie ist dann nicht nur mindestens ebenso schmackhaft wie in heißem Zustand, sondern ebenfalls extrem wohltuend; routinierte Katerfrühstücker werden mein Entzücken teilen und verstehen.

Für die belebende Wirkung der Suppe gibt es einige gute Gründe:

● Essig und Gewürzgurken machen die Suppe nicht nur pikant, sondern helfen auch der Magensäure auf die müden Füßchen beziehungsweise gleichen einen Mangel an Magensäure aus. (Vergessen Sie nicht: Der Magen ist, verdauungstechnisch gesehen, Ihr ganz persönlicher Ansäuerungsbeutel.)

● Fleisch und Brühe bringen die beim Trinken und beim Abbau des Getrunkenen verbrauchten Mineralien zurück. (Merke: Alkohol ist ein großer Mineraliendieb.)

● Das wegen des vorsichtigen Kochens nicht ausgelaugte Gemüse gibt Ihrem vom Alkoholabusus ausgemergelten Leib einen kräftigen Vitaminstups.

● Die Sahne macht die Suppe gehaltvoll, was Ihnen nach dem gierigen Verschlingen am Morgen ein schönes Sättigungsgefühl gibt. So müssen Sie nicht, vom Kater aufgepeitscht und zerrüttet, sinnlos durch die Wohnung strummseln – sondern legen sich, statt sowieso wieder nur Unheil anzurichten, schön zurück ins Bett, schlafen entspannt Ihren Restrausch aus und träumen davon, wie Sie in einer warmen, embryonal-mutterbauchigen Ursuppe herumschwappen. Denn was schwappt, rumort nicht.

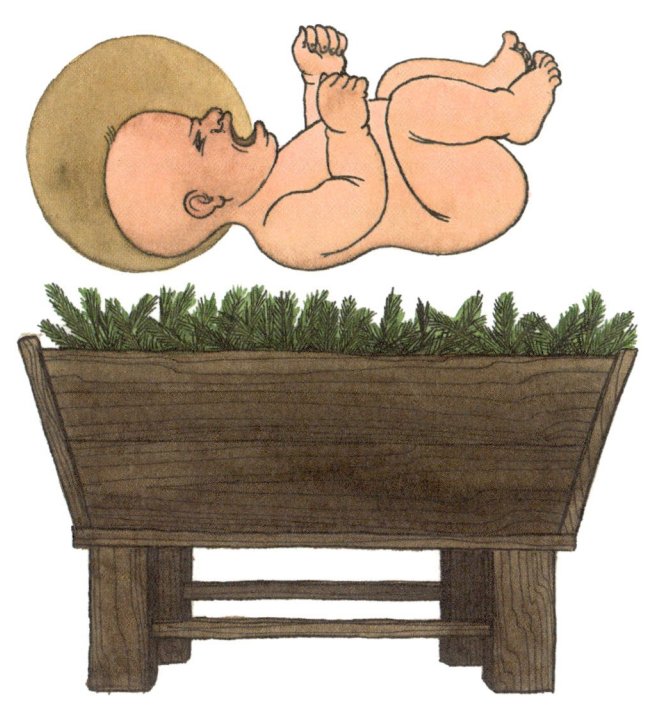

Ente in Sherrysauce

Wenn die Tage kürzer und die Nächte länger sind, dann ist für mich Entenzeit. Entenbraten, das ist wirklich mein Ding. Es begann als junger Koch. Mit fünfundzwanzig Jahren hatte ich schon eine Neigung zum Größenwahn und kaufte mir eine Paco-Rabanne-Jacke. Wer so eine Jacke hat, muss sie zwangläufig in einem Pariser Luxusrestaurant spazieren tragen. Meinte der junge Koch.

So stand ich dann am zweiten Weihnachtsfeiertag im Parterre des Restaurants Tour d'Argent, dem Wallfahrtsort für extreme Entenesser. Aus dem stinkvornehmen Ambiente wurde ich sehr höflich ausgewiesen, weil ich keine Krawatte umgebunden hatte. So blieb mir nur der nächste Feiertag. Der Fundus meines Hotels lieh mir einen reichlich speckigen Riemen, der meine sehr modische Jacke lässig ins bohemienhafte rückte.

Wieder am Empfang des Tour d'Argent. Meine Frau und ich wurden vom livrierten Personal mit dem Lift in die oberste Etage spediert. Der Aufzug war mit Brokat ausgeschlagen und der Aufzugführer trug einen Smoking. Oben angekommen trat man aus dem Dunkel des Vorraums in den Speisesaal. Ozeangroße Glasscheiben säumten das Restaurant und man blickte direkt auf die bunten Dachplatten der Kathedrale Notre Dame. Wir zwei Frischverheirateten standen ziemlich unter Schock. Das Prozedere lief ab wie die Dramaturgie einer Oper. »Deux Coups de Champagne?«, frug der Ober und zog die steife Lippe fast hinters Ohr. Man merkte uns an, dass wir von weit her kamen, was in Frankreich ungefähr gleichzusetzen ist mit Sibirien, auf jeden Fall mit Landstrichen, in denen die Barbaren hausen. Der Ober hielt sich aber wacker und ließ es uns nicht allzu sehr spüren, da wir willig wie tumbes Vieh allen seinen Vorschlägen gehorchten. Meine Frau war damals noch nicht auf alkoholische Getränke abonniert. Wir outeten uns nicht, stattdessen hielt sie sich ans Mineralwasser und ich trank heroisch ihren Teil mit. Die Speisekarte war nicht sehr verwirrend. Das Tour d'Argent ist weltberühmt für seine Challans-Enten. Zweifellos sind es die besten Enten der Welt. Sie kommen von der Küste der Vendée, genauer gesagt aus den Tümpeln und dem fetten Gras rund um die Ortschaft Challans. Die Tiere haben ein Copyright und ihre Aufzucht wird mindestens so streng überwacht wie die Regularien der Formel 1 (© Canards de Challans).

Das Restaurant ist ein historisches Monument. Schon im sechzehnten Jahrhundert wurde hier serviert. Der sagenhafte Frédéric Delair übernahm das Tour d'Argent 1890 und begann, die verkauften Enten zu nummerieren. Die Enten verdanken ihren unverwechselbaren Geschmack dem Umstand, dass sie nicht durch das Messer ins Jenseits befördert werden, sondern dass ihnen der Kragen umgedreht wird und das gerinnende Blut sich im Fleisch verteilt. Delair briet die Enten auf übliche Art. Beim Tranchieren am Tisch kam es dann zur eigentlichen Adelung des Tiers. Die Fleischteile werden auf eine gewärmte Anrichteplatte gegeben und die Knochen in einen silbernen Zylinder, die Entenpresse (kann man kaufen, 9.500 Euro), gedrückt. Dieser wird verschlossen. Mit einem Rad dreht man im Zylinder eine Eisenplatte nach unten. Die Knochen werden komplett zerbröselt und ausgequetscht. Selbst das Mark der Entenknochen rinnt unten heraus und in ein bereitstehendes Serviertöpfchen. Ein Flambiergerät wird angeworfen, Schalotten angedünstet, die Leber der Ente kommt dazu, und mit Entenfond, Cognac, etwas Zitronenschale und Madeira wird alles gut durchgekocht. Feine Apfelschnitze runden das Ganze ab. Bis heute wird diese Ente so serviert, besungen von literarischen Größen wie George Sand, Alfred Musset, Alexandre Dumas und auch Balzac.

Der alte André Terrail kaufte dem legendären Frédéric Delair den Betrieb 1911 ab. Das Haus nebenan wurde 1922 dazugekauft und die im Erdgeschoss rumorende Gaststätte in den obersten Stock verlegt, grad so, dass man auf die bunten Dachplatten der Kathedrale schauen und einen wunderbaren Blick über die Seine-Inseln werfen kann.

André Terrail war ein sehr begabter Gastronom. 1928 baute er das heute noch weltberühmte »Hotel Georg V« unweit der Champs-Élysées im 8. Arrondissement. Das Tour d'Argent bekam 1933 den dritten Michelinstern. Sein Sohn Claude übernahm den Betrieb im Alter von 26 Jahren.

In seinen 1974 erschienenen Lebensaufzeichnungen (»Ma Tour d'Argent«) gesteht er, dass er schon immer auf Rosen gebettet war. Auch wenn alles etwas rumpelnd begann. Seine Lehrzeit musste er nämlich im Schwarzwald, im biederen Freudenstädter Hotel Waldeslust abdienen. Als reicher Hotelierssohn vagabundierte er durch halb Europa, hatte Aufenthalte in Wien und Bukarest. Als die Deutschen Paris besetzen und mit feiner Nazinase gleich den Entendüften nachgingen, okkupierten sie auch diesen Betrieb. Claude Terrail konnte noch 500 000 Flaschen Wein in den weitläufigen Kellern einmauern, um sich später General Leclerc anzuschließen und gegen die Deutschen zu kämpfen. Er marschierte 1945 in Deutschland ein und kam bis Schwäbisch Hall. Sein perfektes Deutsch und Englisch machten ihn bei seinen Vorgesetzten unentbehrlich.

Wir konnten Maitre Terrail als unverschämt gut aussehenden Gentleman erleben, wie er sich im Restaurant um die Stars und Politiker kümmerte. Kaiser Hirohito, Königin Elisabeth II von England, John F. Kennedy, Orson Welles, Marcel Proust, Sacha Guitry, Salvador Dalí, Jacqueline Kennedy-Onassis. John Wayne, Errol Flynn, Ava Gardner, Marilyn Monroe gaben sich bei ihm die Klinke in die Hand. So sei es verziehen, dass er sich nicht sonderlich um uns kümmerte.

Zeitweise war der Golfspieler, Herrenreiter, Entenzüchter und Jäger dermaßen in Techtelmechtel mit Hollywoodschönheiten verstrickt, dass er in den sechziger Jahren seines dritten Michelinsterns verlustig ging. Man rappelte sich auf und der verlorene Stern leuchtete bald wieder.

Zwischenzeitlich ging die Entenbraterei weiter. 1929 kam die hunderttausendste Ente aus dem Ofen, 1949 die zweihunderttausendste, 1961 die dreihunderttausendste, 1976 die fünfhunderttausendste, 2003 dann die millionste.

Am Weihnachtsfeiertag 1974, als dicke Schneeflocken um die Panoramascheiben wirbelten, war die Ente für Vincent und Elisabeth fällig. Sie trug die Nummer 478187. Das Zertifikat ließ ich mir einrahmen und habe es als Stimulans für diesen Text extra vom Dachboden gegriffen.

Letztes Jahr verstarb Claude Terrail, der uns damals freundlich, fast väterlich guten Appetit gewünscht hatte, im Alter von 88 Jahren. Sein Tod war kein Zufall. Kurz zuvor wurde ihm von Claude Lebey, dem damaligen Chef des Michelinführers, der dritte Stern aberkannt. Er klagte über das seit 1933 unveränderte Speisenangebot. Das hat sich geändert, seit nun Claude Terrails Sohn André das Ruder übernommen hat und Stéphane Haissant die Küche dirigiert. Mittlerweile wechselt die Karte nach den Jahreszeiten.

Dennoch ist für mich gerade die Zeit um Weihnachten Entenzeit. Es gibt vielerlei Sorten Enten, zum Beispiel Wildenten wie Stockenten oder Eiderenten. Am wichtigsten für unseren Kochtopf ist die Hausente, die ursprünglich von der Wildente abstammt und auch ähnliches Gefieder hat. Heutzutage versteht man unter Hausente die Pekingente, mit weißem Federkleid und gelbem Schnabel. Sie ist relativ fett und muss durchgebraten werden, was bis zu eineinhalb Stunden beanspruchen kann. Durch die lange Bratzeit verliert sie viel Fett, das man vom Saucenfond abschöpfen muss, ähnlich wie man mit dem Gänsebraten verfährt.

Eine moderne Züchtung aus Frankreich ist die Barbarie-Ente, die eine Kreuzung von Wild- und Hausenten ist und beträchtliches Gewicht erreicht, ohne dass sie zuviel Fett ansetzt. Meine Lieblingsenten sind kleine weibliche Nantaiser, oder die berühmten Enten aus Challans, die ich im Tour d'Argent zum ersten Mal kennen lernte. Beide Rassen kommen von der Atlantikküste und sind AOC-geschützt, genießen also Gebietsschutz und werden ähnlich streng auf Sortenreinheit überwacht, wie man das vom Weinbau kennt. Überhaupt sollte man die weiblichen Enten favorisieren, denn sie sind zwar kleiner, aber immer zarter als die männlichen Erpel.

Ente in Sherrysauce
Zutaten für zwei Personen

1	kleine Ente bis ca. 1 kg
1 Tasse	haselnussgroß gewürfeltes Wurzelgemüse
1	Zwiebel, ebenso gewürfelt
1	Zehe Knoblauch
1 Tasse	Wasser
¼ l	kräftigen Rotwein
⅛ l	Cream Sherry (süßer Sherry)
1 Msp.	gemahlenen Piment
	Salz, Pfeffer

Die Ente richten und putzen, auswaschen, eventuell Federkiele abzupfen und Fettflomen aus dem Inneren entfernen. Die Ente salzen und pfeffern und mit etwas Öl von allen Seiten braun braten. In den auf 200° vorgeheizten Ofen geben und jeweils dreißig Minuten auf jeder Seite braten. Die Ente also nicht wie üblich mit der Brustoberseite in den Ofen schieben. Die meisten Öfen heizen von unten und oben mit größter Kraft, und die Hitze sollte direkt auf die Keulen treffen, weil diese die längere Garzeit haben. Von jeder Seite eine halbe Stunde sollte genügen.

Sauce

Nach zehn Minuten gibt man das Wurzelgemüse in den Bräter. Wenn das Gemüse zu bräunen beginnt, kommt der zerdrückte Knoblauch dazu. Danach noch fünf Minuten bräunen, mit Wasser und Wein ablöschen und den Piment dazugeben. Den Ofen abschalten, die Ente auf einer Platte anrichten und im Ofen bei etwas geöffneter Türe ziehen lassen.

Den Bratensaft mit dem Röstgemüse in einen kleineren Topf abgießen und das Fett mit einem Esslöffel abheben. Dann den entfetteten Fond kräftig kochen und evtl. mit einigen Butterflocken binden. Abschmecken mit Pfeffer und Salz. Ein Löffel Sauce pro Portion genügt, es ist einleuchtend, dass dieser Löffel Sauce unvergleichlich besser schmeckt, als wenn wir den Wasserhahn öffnen und alles um das zehnfache strecken, um dann à l'allemand die armselige Brühe mit Mehl abzubinden. Die Ente wird am Tisch wie folgt tranchiert: Brust nach oben. Zwischen Brust und Keule wird mit einem Schnitt eingeritzt und anschließend die Keule von der Brust weggedrückt. Die Keulen werden nun nach unten weggeklappt, und man sieht den Hüftgelenkknochen. Hinter dem Hüftgelenk wird die Keule abgetrennt.

Die Brust hat der Länge nach in der Mitte den sogenannten Brustknochen, an dem entlang links und rechts ein tiefer Schnitt anzubringen ist. Dem Schnitt nachfahren, bis man auf den sich dachförmig ausbreitenden Knochen trifft. Links und rechts daran hinunterschälen, bis das Brustfleisch frei liegt und nur noch am Flügel hängt. Zwischen Flügelknochen und Rumpf wird am Gelenk durchgeschnitten und die Brust ist abgetrennt. Guten Appetit.

Rotgelb statt Rotweiß

Ein Gastweihnachtsmann: unser Dalai Lama

Das Wort Religionsführer sagt alles. So nennt man Heilsfredies, die zu ihrem Ruhm und Nutzen andere für dusselig verkaufen, indem sie ihnen einreden, sie seien etwas ganz Besonderes. Je gewöhnlicher und glanzloser aber eine Existenz ist, desto mehr sehnt sie sich danach, etwas Begünstigtes, Auserwähltes zu sein und wird leichte Beute für Sektenfittis aller Couleur, seien sie nun katholisch, buddhistisch oder sonstwas. Als der tibetische Schlappenpapst Dalai Lama im Sommer 2007 elf Tage in Deutschland weilte, wurde er auf dem Titel einer Nachrichtenillustrierten als »Der Gott zum Anfassen« präsentiert, und auch andernorts macht man den notorisch grinsenden älteren Herrn gern zum Coverboy.

Ein Haufen glaubens- und erlösungsbedürftiger Deutscher hängt an den Lippen des Tibeters, unter ihnen eine krähfreudige Wir-sind-Helden-Ausruferin. Die plakative junge Frau nahm heiligen Gesichtsausdrucks einen nicht minder heiligen Schal von ihm entgegen; so verbündet sich religiöse Bauernfängerei mit Simpelpop, und beide haben etwas davon. Marketingangeber sprechen in solchen Fällen von einem Synergieeffekt.

Weil der gewiefte Verkäufer und Werbefachmann Dalai Lama bei allem, was er tut, immer auch ein paar lustige Grimassen für die Fotografen schneidet, sind alle ganz entzückt von dem Humor, den sie da unbedingt entdecken und attestieren wollen. Die Welt ist ohne Zweifel heruntergekommen; im Rücksturz ins Religiöse, in der Renaissance des Gläubischen zeigt sie sich ganz und gar entgeistet. Genau diese Sorte Betrug hatte man doch schon ein paar tausend Jahre und also zur Genüge am Hacken.

Die vielbeschwärmten Weisheiten des Dalai Lama bewegen sich auf unterem Wohngemeinschaftsniveau: Ey Leute, macht doch mal irgendwie Frieden, ja, und überhaupt Menschlichkeit und so, wär' doch echt dufte oder so ... Mehr hat der Mann nicht auf der Pfanne, aber es genügt, um einige zehntausend Anhänger des Flachismus zu beglücken: Mann, stark, wir kapieren den Kuttenträger, da müssen wir der Erleuchtung wohl schon ganz nahe sein. Da hätte man es auch bei der kitschigen DDR-Friedensfahrt belassen können, aber die hat eben den entscheidenden Mangel, nicht so richtig antikommunistisch gewesen zu sein.

Dalai Lama ist tibetisch und heißt auf deutsch: Binse. Die offizielle Übersetzung lautet »Ozean der Weisheit« – aber können Ozeane tatsächlich so klein sein? Obwohl er rotgelb statt rotweiß trägt, ist der Dalai Lama ein echter Weihnachtsmann, sogar ein Ganzjahresweihnachtsmann. Zieht man die heilige Attitüde ab, bleibt nur die Platitüde. Eine profunde Exegese der Schriften des tibetischen Handelsreisenden lässt immerhin drei Grundeinsichten übrig:

Wenn man das Licht ausmacht, ist es dunkel.
Wer stirbt, ist hinterher möglicherweise tot.
Die einen sagen so, die anderen so.

Mehr ist da nicht, das ist der ganze DalaiLamaismus: Erkenntnis to go.

Der Weihnachtsgans dritter Teil

Endlich war Heiliger Abend. Wir Kinder waren bereits zappelig. Mit unseren Wünschen während des Jahres wurden wir immer ausweichend auf Weihnachten vertröstet. Es wurde darauf spekuliert, dass bis dahin das Vergessen die Oberhand gewänne und unsere kindlichen Interessen längst anderen Verlockungen folgten.

Es dämmerte schon. Kaum zu zügelnde Spannung, der stinklangweilige Gang mit Oma auf den Kirchhof war jedoch Pflicht. Allein reizvoll war das Zündeln, um die roten Windlichter der Familiengräber zum Brennen zu bringen. Der ganze Friedhof erinnerte an einen ungeordneten Glühwürmchenschwarm. Es waren viele Leute unterwegs und im Dunkeln hatte die ganze Szenerie etwas Unwirkliches, als wären die Toten auferstanden.

Endlich daheim. Bis auf uns Friedhofgänger war die Familie bereits im Wohnzimmer versammelt: Zu meinem Opa, dem alten Vinz, hatten sich Omi und Opi mütterlicherseits gesellt. Letztere stammten aus Frankfurt und lebten den mondänen Stil, der im Schwabenland völlig unbekannt war und eher als Krankheitsbild missbilligt wurde.

Besinnliches Fest konnte man die Versammlung nicht nennen. Es war eher das jährliche Erduldungstraining, demütig von allen ertragen, da vom Christkind speziell verordnet. Ich spürte die Luft knistern. Nicht nur das Warten auf die Geschenke war kaum noch auszuhalten, auch mein Vater, der Tierarzt, trug zu Irritationen bei. Mit seinem Mercedes dieselte er noch bei den Bauern herum. Doch irgendwann krachte die Haustüre ins Schloss. Der »Chef« war da, aber in welchem Zustand? Der »alte Vinz«, als pensionierter Oberstudienrat die fleischgewordene Ordnungsliebe, hatte Generationen von Pennälern zur Disziplin erzogen. Beim eigenen Sohn hatte er – seiner lautstarken Selbstbezichtigung nach – total versagt. »Alfred!«, so der Vorname meines Papas, »Alfred, wie siehst denn du aus? Bist wohl schon vor der Bescherung besoffen?« Mein Vater versuchte zu ignorieren, so gut es ging, ließ sich schnaufend und von harter Arbeit demonstrativ gezeichnet in einen Clubsessel fallen und grummelte von Bauernbrauchtum. »Ich muss doch auf jedem Bau-

ernhof einen Schnaps auf die Weihnachtsfeiertage trinken, sozusagen dienstlich.« Er rang um Autorität und flüchtete sich alsbald mit befreiendem Trotz in einen ge-murmeltem »Schwäbischen Gruß«, was kurz und bündig »Leck mich am Arsch« bedeutet. So ging's dahin. Über die üblen Zeiten wurde lamentiert, bis alle mit dem hell klingeln-

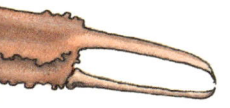

den Weihnachtsglöckchen ins festlich geschmückte Zimmer gelockt wurden. Das nennt man gemeinhin »sich glücklich unter dem Tannenbaum einfinden«.

Die Singerei à la »Sti-hille Naaaacht« dauerte unerträglich lange, doch Mutter ließ nicht nach. Sie war die treibende Kraft und um besinnliche Stimmung bemüht. Ich versuchte, aus der Trompete mehr als nur ein dünnes Röcheln zu zaubern. Dann wurde gebetet. Danach: Oh Gott!, nochmal ein Lied! Das alles im Angesicht unserer Geschenke. Endlich drückte Mutter ihre Ziehharmonika, ein mit Diamantstrass verziertes Möbel aus den zwanziger Jahren, zusammen. Das Instrument, offensichtlich auch sehr erleichtert, schnaufte laut und befreit. Dann war Bescherung.

Wir waren sechs Kinder, beim gleichzeitigen Start zum Christbaum kamen einige zu Fall, wie zuvor schon Opa, der auf dem frisch gespänten und gewachsten Parkett ausrutschte und der Länge nach hinschlug. Ein alljährlicher Running Gag zu den »Vierfesten«, den wichtigsten Festtagen der katholischen Weltanschauung, an welchen bereits Wochen zuvor exzessives Putzen die besonderen Umstände ankündigte.

Im Jahr zuvor hatten wir uns dermaßen unter dem Tannenbaum gebalgt, dass er aus seiner Patentverankerung freikam, umfiel und Feuer fing. In Sekunden hatte sich das Weihnachtszimmer in lichterloh funkensprühender Illumination befunden. Mutter hatte phänomenal reagiert, beide Fensterflügel aufgerissen und das sich selbst verzehrende Symbol des Friedens hinaus ins Freie befördert.

Nun versanken wir in der Zauberwelt unserer Geschenke. So lange, bis der Duft von Würsten unserem Spieltrieb ein Ende setzte. Die obligaten Nürnberger Bratwürste, die Papa tags zuvor fabriziert hatte, kamen auf den Tisch. Sie wurden samt dem Kartoffelsalat in die Gurgel gedrückt, als wäre das zurückliegende Jahr eine Zeit der Hungersnot gewesen.

Die Alten hatten sich ins Raucherzimmer begeben. Immer wieder war Opas ungehaltenes Schnaufen zu vernehmen. Luft ablassend knarzte er etwas von »angeborener Dummheit«, um dann alles in einen Topf zu stecken und von der »deutschen Nationaldummheit« zu lamentieren.

Der andere Großvater – der Opi oder schlicht Emil – war nämlich bereits neunzehnhundertdreiunddreißig in die SA eingerückt. Er hatte es dann in der Wehrmacht bis zum Major gebracht. Dieser Karriere wurde immer noch nachgehangen. »Der Führer war falsch beraten, der Nachschub hat nicht geklappt, ja, mit den Juden hat man es ein bisschen übertrieben«. Solcherart dreister Schwachsinn fügte meinem Schwabenopa körperliche Schmerzen zu. Sein sorgsam mit griechischer Philosophie

bepflanztes Pazifistengärtchen welkte dahin. Heute kann ich es nachempfinden, welch titanische Langmut er sich abverlangte, um Familienabende geordnet, im Namen Christi durchzustehen. Kein Wunder, dass sich alle beteiligten Männer mit dicken Zigarren das Maul stopften. Das Zimmer war qualmgeschwängert wie nach einem Brandanschlag.

Gegen elf machten sich die Älteren auf den Weg. Das Haus war leer und wir Kinder im Bett. Vater und Mutter suchten nochmals die Küche auf. Ohne Gute-Nacht-Vesper konnte der Heilige Abend nicht beendigt werden. Ein Pfännchen Gänseklein kam aufs Feuer. Das hatte es schon zu Mittag gegeben. Man muss sich darunter eine helle Pampe vorstellen, die unzählige kleine Fleischfitzel von Gänsemagen und -hals zusammenhielt. Die Gänsefüße mit den Schwimmhäuten ließ man selbstverständlich nicht verkommen, auch sie waren wichtige Ingredienz.

Nebenbei wurde die Gans gesalzen. Ein äußerst wichtiger Akt. Viel Salz wurde drangegeben. Das musste noch am Abend erledigt werden. Das Salz dringt dann bis ins Innerste vor.

Es begab sich aber zu der Zeit, dass
Gott Weihnachten in Richtung Erde abfeuerte …

Durch die weite, weiße Welt

Weihnacht und Wehrmacht

Es ist für uns eine Zeit angekommen,
sie bringt uns eine große Freud'.
Über's schneebeglänzte Feld
wandern wir
durch die weite, weiße Welt.

Unschuldig kam das aus den Kinderkehlen. In vollendeter Harmlosigkeit sangen wir ein Weihnachtslied. Es gefiel uns, es war so feierlich.

Es schlafen Bächlein und See unterm Eise,
es träumt der Wald einen tiefen Traum.
Durch den Schnee, der leise fällt,
wandern wir
durch die weite, weiße Welt.

Wir wussten nicht, was wir sangen, und wir hatten nicht die geringste Ahnung davon, wer das vor uns gesungen hatte: »Durch den Schnee, der leise fällt, wandern wir durch die weite, weiße Welt.« Erst viel später erfuhr ich es. Der Text stammt aus dem Jahr 1939; ein Paul Hermann hatte ihn für die Nationalsozialisten geschrieben. Durch den Schnee zogen Soldaten der deutschen Wehrmacht hinaus in die weite Welt. Sie hatten Schreckliches mit ihr vor.

Unschuld kann geraubt werden. »Es ist für uns eine Zeit angekommen« war ursprünglich ein altes Sternsingerlied, das in der deutschsprachigen Schweiz zum Dreikönigsfest gesungen wurde. Durch die Neudichtung wurde es kriegstauglich gemacht und erschien im »Weihnachtsliederbuch für die deutsche Familie« und in der Liedersammlung »Deutsche Kriegsweihnacht«. Genau darum ging es: um das Sentiment, das von den Verbrechen ablenkt und sie überdeckt.

Vom hohen Himmel ein leuchtendes Schweigen
Erfüllt die Herzen mit Seligkeit.
Unterm sternbeglänzten Zelt
wandern wir
durch die weite, weiße Welt.

So sang ich das, als Junge, und so wird das noch heute gesungen. Paul Hermanns Textfassung hat sich erhalten und durchgesetzt und hielt Einzug in Liedsammlungen wie die »Mundorgel«. Pfadfinder und andere Kinder singen es. Die zweite Tonspur mit dem Rhythmus marschierender Stiefel läuft immer mit, auch wenn Kinder sie nicht hören.

Die Erwachsenen, die ihnen das Lied beibringen, sind weniger unschuldig. »Es ist für uns eine Zeit angekommen« ist kein Lied über das Wandern durch die weite, weiße Welt, es ist ein Lied darüber, wie man in die Welt einmarschiert. Für den Rückzug aus Russland war es, unbeabsichtigt, dann auch höchst geeignet. Die Intention drehte sich ins Gegenteil, die Sänger sangen ihr eigenes Todeslied. Und schliefen wie Bächlein und Schnee unterm Eise.

Die Alchemie
des Schmorbratens

Während sich die Eltern im Bett womöglich noch um weitere Nachkommen bemühten, war mein Bruder mit mir bereits beim Kirchgang. Wir Buben hielten fest am kleinstädtischen Brauchtum, um der Pfarrgemeinde und den örtlichen CDU-Mitgliedern den Nachweis zu liefern, dass in der Tierarztfamilie die Sitten im Lot und die Tradition behütet seien. Auch und gerade zur Weihnachtszeit!

Klar, dass die Schuhe viel zu eng waren, der Bleyle-Anzug unerträglich piekte und an unseren pubertären Wadenhärchen zupfte. Frierend huschten wir durch die verschneiten Gassen, der Ursache von Folter und

Übel entgegen, der Pfarrei St. Franziskus. Es waren die Zeiten, in welchen man erst neue Kleider bekam, wenn die alten aus den Nähten platzten. Alles war zu eng, nicht viel anders drängten sich die Dächer über den Gassen, sie bogen sich über unseren Weg wie Wärmehauben über ein duftendes Menu, denn aus Fenstern und Türen drang erquickendes Odeur. Die Gerüche von weihnachtlichem Backwerk und allerlei Sonntagsbraten zogen übers Pflaster wie wohlgeschwängerter Bodennebel. Das verstärkte die Qual des Kirchgangs ungemein und addierte sich zu allem Malheur auch noch zu Magenkrämpfen. Ungehindert lief das Wasser im Maul zusammen. Zum Frühstück hatte es eh nicht gereicht, und der Magen, das unbestechliche Tachometer des Wohlbefindens, klagte rumpelnd vor sich hin. Das waren die Momente, in denen ich beschloss, Koch zu werden. Mein Lehrherr hatte bleibende Eindrücke als Feldkoch im Dritten Reich gewonnen, es war kein Mangel an disziplinarischen Etüden, und mit diesen wurden auch die altmeisterlichen Rezepturen des unterschiedlichen Fleischgarens gepaukt. Wenn der Lehrling auch nicht an die großen Bratenstücke rühren durfte, so musste ich doch die dazugehörigen Garnituren, das Wurzelgemüse, die Gewürze und den Ablöschfond herrichten und bereitstellen. Damit ich's bis heute nicht vergaß, dafür sorgten reichlich Backpfeifen.

Heute ist das anders und der des Bratens harrende Wirtshausbesucher hätte wahrlich allen Grund, oft in die Küchen zu stürzen um die Köche zu watschen: Im Zeitalter des vakuumierten, anonymen Fleischschrotts, des Kurzgebratenen, der Steaks, Medaillons und Tournedos und des Brandgeruchs der nachbarlichen Grillparty ist er reichlich entehrt und in Vergessenheit geraten – die Rede ist immer noch vom Schmorbraten. In den Gasthäu-

sern hängt er allenthalben über die Teller und ist mit dicker Sauce verfestigt, um der Kurvenschräglage der hurtigen Bedienerin standzuhalten. Er ist längst nicht mehr das, was er einmal war. Der Braten degenerierte zur braunen Schande deutscher Nation. Wenn dieses schwerverdauliche Unglück nach dem Schnitzel (Schande dito) des Deutschen Leibgericht ist, dann passen dazu in der Tat Rauputz, Dreschflegel und womöglich eine braune Gesinnung samt Wagenrädern an der Bretterdecke, auf die man statt putziger Lämpchen besser den Koch geflochten hätte. Ja, ihr Traditionalisten, hört her! Da verkohlen Fleischbrocken im verbrannten Fett. Die reine Brandschatzung. Dann Wasser drauf, daher das Fachidiom ablöschen. Nun wird gut durchgekocht, entweder zu wenig, so dass es innen noch roh ist, oder aber dermaßen eifrig gesotten, dass sich alles von selbst auflösen will. Viele Wege führen zu Potte und wo die Not am größten, da die Hilfe am nächsten, der ambulante Service der Knorr- und Maggivertreter leistet erlösenden Beistand, um die Wasserbrühe

Schaschlik »Noël«

standfest zu machen, die dann gnädig das zerfaserte Fleisch bedeckt (Fachausdruck nappieren), dass man den Eckpfeiler der deutschen Küchentradition getrost in Formen gießen und unzerstörbar auf dem Sockel zentralgermanischer Unkultur verankern könnte.

Genug des Lamentos, begeben wir uns auf einen denkmalpflegerischen Spaziergang, um zu vergessen und alte Werte wieder ans Licht zu fördern. Was war in den engen Gassen, hinter den weihnachtlichen Türen mit den messingpolierten Klingelzügen los? Dort rumorten gestandene Hausfrauen mit Ausdauer in Küche und Speisekammer und waren die meiste Zeit des Morgens mit dem Lösen des Bratensatzes beschäftigt. Ein guter Schmorbraten findet im Gegensatz zum Spieß- oder Grillbraten oder dem »Rôti au four« im Topf statt und ist der Triumph der Langsamkeit und ein Plädoyer für Geduld und Umsicht. Er hat kein jugendliches Image und ist, wen wundert's, eine Domäne der Großmütter, allerdings nicht bei der Sorte Frauen, die in magentafarbenen Emanzipationsklamotten und Joggingschuhen uns die ewige Jugend vorhechelt. Guter Braten gelingt nicht nur mit gedecktfarbenen Kittelschürzen, sondern entscheidend sind ein gemächliches, behutsames Naturell und rechtzeitiges Beginnen. Nichts ist übler als ein halbgares Stück Fleisch, auf das bereits die Gästeschar harrt. So ist es besser, wenn man eine Stunde zu früh dran ist und notfalls den Braten noch geraume Zeit bei lauem Feuer am Herdrand verweilen lässt.

In jedem Rezeptbuch dröhnt beim Kapitel Braten der Donnerschlag: Von allen Seiten scharf anbraten. So das allgemeine Kommando, als wolle man ein Stoßgebet zum Himmel richten, um dem großen Stück Fleisch die Schrecken zu nehmen und es par force besser zu überwältigen. Ganz nebenbei funktioniert als Braten auch ein kleines Stück, wenn der Topf dementsprechend gewählt wird. Grundsätzlich, das trifft auch auf den Rostbraten oder das Schnitzel zu, sollten Topf oder Pfanne gerade so gewählt werden, dass das Fleisch knapp darin Platz hat. Liebstes Fleisch ist mir die Schulter, vom Rind, vom Kalb, vom Schwein, vom Lamm oder gar vom Wildbret (bret = Braten), es ist immer die gleiche Choreographie der Zubereitung, auch bei einer fettdurchwachsenen Hochrippe, die normalerweise kurzgebraten wird. Pfeffern, salzen und mit etwas Speiseöl von allen Seiten anbraten. Es sollte keine Flüssigkeit austreten, sondern das Stückchen soll bequem vor sich hin brutzeln. Es geht darum, die Poren des Fleischs zu schließen und auch darum, keine verbrannten Fette entstehen zu lassen. Wir alle kennen den unerträglichen Pommesgestank von verbranntem Fett. Wenn die ganze Wohnung danach mieft, so können Sie versichert sein, dass nicht nur die Weihnachtsstimmung leidet, sondern auch der Braten einiges davon abbekommt. Klar ist, dass verbrannte Fette widerlich schmecken, ungesund sind, und dass obendrein die Fettdämpfe alles imprägnieren, was sich in der Küche befindet, auch die hektisch agierende Köchin oder den Koch. Großes Herdfeuer hat was von Kampfgetümmel und selbst jungen Berufsköchen muss man erst einmal diese Hektik abtrainieren, die nur auf den ersten Eindruck tüchtige Überlegenheit suggeriert.

Es ist nun Zeit, eine Handvoll würfeliges Wurzelgemüse, Zwiebeln, Sellerie, Karotte beizugeben, nochmals kurz die Temperatur zu erhöhen und bei offenem Deckel das Gemüse zu rösten. Dann wieder den Deckel drauf und zurück zum Rubato des Bratenwendens. Nun beginnt die bedächtige Rhythmik des Küchenwerkelns. Der Braten gibt Saft ab, der im Topf Dampf entstehen lässt. Da alles ganz sanft geschieht, entweicht nicht viel am Deckel, der tunlichst dicht schließen sollte. Der Dampf kondensiert im Inneren und fällt dann in Tropfen wieder auf den Braten zurück. Es gibt Bratenkasserolen, die in der Deckelmitte eine Vertiefung haben, meist unter dem Griff. Wer es ganz perfekt machen will, kann hier Eiswürfel hinein geben, welche die Dämpfe noch besser kondensieren. Der Topf sollte aus dickwandigem Eisen sein, so dass sich die Hitze gleichmäßig verteilt und ein harmonisches Klima gehalten werden kann. Nach wie vor muss die Temperatur so weit gedrosselt sein, dass alles brät, aber trotzdem nicht kocht und nur wenig Saft austritt. Für die richtige Abstimmung braucht's etwas Übung. Der Anfänger muss also öfter den Deckel lupfen und sich Überblick verschaffen, während für den Routinier alle zehn bis fünfzehn Minuten das Kratzen am Kasserolenboden fällig wird. Ab und an muss das Fleisch mit etwas Brühe angegossen werden. Die Brühe sollte ungesalzen sein, denn über die Stunde hinweg muss man mit ca. zwei Kaffeetassen Flüssigkeit rechnen, die sich reduzieren und dem Bratenfond womöglich zu viel Salz bescheren.

Man fragt sich, ob nicht leichteres Hantieren mit Unterstützung des Ofens zu bewerkstelligen wäre? Mit dem Deckel drauf, damit das Fleischlein nicht austrocknet, wäre nichts dagegen zu sagen, doch der Energieverbrauch ist wesentlich höher. Auch das Deckellupfen, Bratensatzlösen und Kontrollieren ist ungleich lästiger.

Wir alle haben schon etwas vom Niedertemperaturgaren gehört, insbesondere die Jünger Siebecks schwören darauf. Diese Technik funktioniert nur bei edlen Teilen, die für Rosabraten ideal sind. Das hat nichts mit Schmorbraten zu tun. Um es nochmals genau ins Gedächtnis zu rufen, eine kurze Erklärung dazu: Das Eiweiß des Fleischs gerinnt zwischen fünfundsiebzig und achtzig Grad. Die alte Methode, ein Roastbeef zu braten, war die, dass man das Stück ca. eine viertel bis halbe Stunde im knallheißen Ofen brät und danach an einer lauwarmen Stelle ziehen lässt, so dass sich die rohen Säfte des Fleischkerns mit den garten der äußeren Bereiche austauschten. Blut muss fließen, cum grano salis. Bei der Niedertemperaturtechnik werden von allen Seiten die Poren geschlossen und darauf geachtet, die Gerinnungstemperatur nicht zu überschreiten – langsames Durchwärmen. Wenn allerdings die Eiweißgerinnungstemperatur nicht erreicht wird und das Fleischstück stundenlang im Ofen vor sich hinbrütet, kann es auch zu Gärungen kommen oder schlimmer gar zum Wachstum bestimmter hitzestabiler Bakterien. Die Folge: Die Gourmets reißt es von den Stühlen direkt ins WC. So viel zum Niedertemperaturbraten, das ich nicht sehr favorisiere, da stundenlanges Ziehen bei achtzig Grad nicht nur die oben genannten Gefahren birgt, sondern auch ausgiebig die Nachbarn mit köstlichem Duft versorgt. Aber hallo! Wenn Wohlgeruch beim Nachbarn appetitanregend ein herrliches Essen annonciert, kann er sich nicht mehr im Topf befinden. Wir halten es lieber mit gesundem Egoismus und versuchen den Duft bei uns zu etablieren.

Nach einer Stunde kann man mit einer Strick- oder Spicknadel probieren, ob sie sanft ins Fleisch gleitet oder selbst das Herausziehen noch Mühe macht. Zu oft sollte selbst der größte Zweifler nicht ins Fleisch

Putti Burger

stechen, denn jedes Mal entströmt durch den Einstichkanal Fleischsaft, der zwar die Sauce anreichert, aber das Fleisch austrocknet. Die letzte Viertelstunde geben wir noch Gewürze wie Lorbeerblatt, einige gestoßene Pimentkörner und, bei Belieben, gehackten Knoblauch zu. Will man den Weihnachtsbraten als Urlaubserinnerung an den Sommer in Südfrankreich oder Italien, dann empfehlen sich Thymian und Rosmarin.

Die Endphase des Bratens dient auch der Saucenbereitung. Das Fleisch mit kräftigem Rotwein untergießen, aber nicht zuviel. Die Unmengen Sauce, die der Deutsche so liebt, sind erst nach der Erfindung des Saucenpulvers aufgekommen, traditionell gibt es für jeden Esser einen Esslöffel Sauce. Das ist zwar wenig, aber intensiv, und tapeziert nachhaltig das Maul. Vor dem Anrichten wird die Sauce entfettet, man kann danach die Gemüsestücke und Kräuterzweige absieben oder man lässt sie drin und serviert sie mit.

Wer vom Rezeptlesen schon ermattet ist, dem sei gesagt, dass der Beruf des Bratenwenders ein hochangesehenes Image hatte: Dem Handwörterbuch des deutschen Aberglaubens kann man entnehmen, dass bereits die Zwerge und Unterirdischen mit Vorliebe den Topf mit Braten ehrten.

Es gibt sicher noch viele andere Möglichkeiten, zu einem guten Braten zu kommen, wobei die Suche nach einem Gasthaus des Vertrauens das schwierigste Unterfangen ist. Die Zeiten sind nicht mehr so, wie sie der Autor als jugendlicher Kirchgänger in Erinnerung hat, als er mit dem Bruder nach dem Kirchgang nicht nach Hause ging, sondern schnurstracks zur Oma. Die Großmütter sind inzwischen »out of business«. Man muss also selbst an den Herd und kann nicht mehr wählen wie die beiden Buben auf dem Weg zum Weihnachtsbraten.

Lied vom Kochen
und der Liebe

Wer zweimal mit derselben schlemmt –
Gehört der zum Establishment?
Im Gegenteil und Geigentiel,
Das Innigliche ist das Ziel:

Tiefe, Nähe und das Wissen,
Was die Liebste wirklich möchte.
Welche schönen Leckerbissen
Koch ich ihr, wenn ich denn köchte?

Auf dem Markt kräht das Geflügel,
Lungern Fisch und Meerestiere,
Kalbes Schnitzel kriegt hier Prügel,
Wonach ich nun gar nicht giere.

Ich verzichte leicht und düse
Zu den Markt- und Bauersfrauen,
Die Herrn Obst und Frau Gemüse
Ohne Che und mie anbauen.

Ich betrachte, was sie haben,
Alles Gute aus dem Boden.
All die wunderbaren Gaben
Will ich preisen, will ich loden.

Loden? – Unfug! Will sie loben.
Wirsingköpfe, Kohl, Salate,
Alles, was Heinz Schöpfung droben
Setzt auf unsre Speisekarte.

Dass ich, Liebste, dir gehöre,
Flüstre ich der Roten Bete,
Sags der Welt, sings in die Möhre,
Dass ich dich-dich-dich anbete.

Lass mich nun den Markt bejagen:
Äpfel, Pflaumen und Pataten,
Uns zu wohligem Behagen
Knusprig eine Ente braten.

Ist das Glück, wie manche sagen,
Sehr fragil und nur geliehen?
Mir egal, knurrt laut der Magen:
Nähte zügig strammer ziehen!

In der Küche läuft das Radi-
o, es will noch kräftig stören,
Mit Neujahrs- und Weihnachtstradi-
tsjonsansprache, will's nicht hören.

Nein, hier ist jetzt Medienauszeit.
Geht mir weg mit Schurkenstaaten.
Wer Politikern sein Ohr leiht,
Könnte auch gleich Gurken braten.

Gurken aber soll man schmoren,
Schön in Butter, Dill und Sahne.
Was zu Bethlehem geboren,
Ist dagegen nur Banane.

Die jedoch fritiert sehr mundet,
Ganz besonders gut mit Honig.
Gottvoll, wie der Tag sich rundet,
Du bist Königin, ich – Konig?

Gut. – Ich bitte dich zu Tische,
Füttre dir mit meinem Mahle
Auf die Hüften kleine Fische.
Oder sind es kleine Wale?

Auf die leg ich meine Hände.
Streichle dich, wie du es gerne
Magst, und dann, zum guten Ende,
Schieß ich hoch dich, in die Sterne.

Folg dir nach zum Firmamente,
Himmlisch ist die Irdenfreude.
Liebste, möchtest du noch Ente?
Oder sprichst du: Komm, vergeude

Nicht die Zeit, komm, munter weiter? –
Wie auch immer, ich bin heiter.
Denn du reitest, wie zu Pferde,
Mich – die gute, alte Erde.

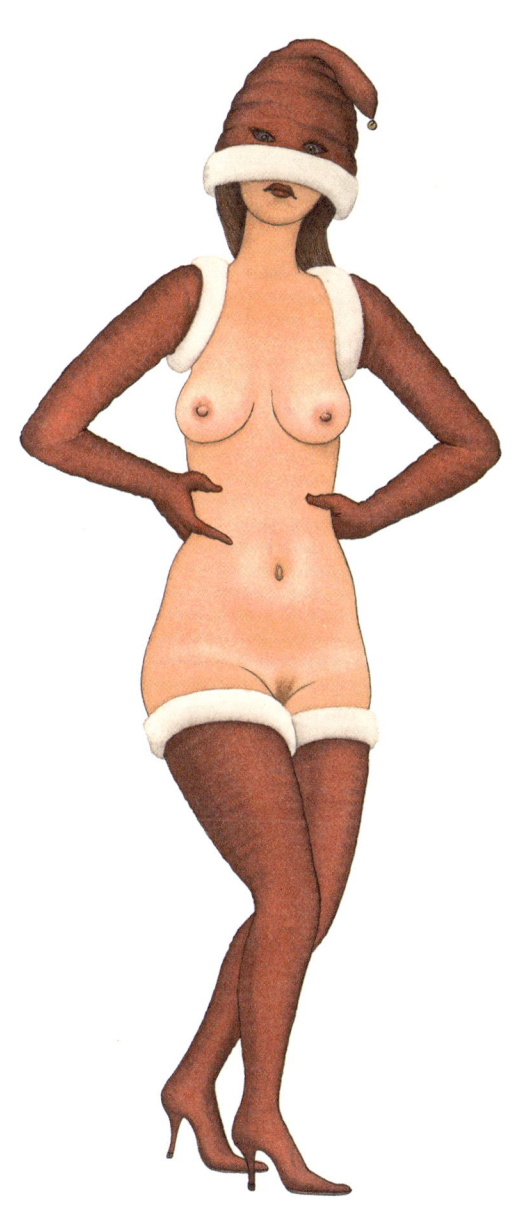

Der Weihnachtsgans
vierter Teil

Am nächsten Tag war um acht Uhr Zapfenstreich. Mit Frühstück war nicht viel, denn ausgiebiges Frühstücken pflegen nur Völker, die danach den ganzen Tag nichts Rechtes mehr auf den Tisch bringen. Ein Gsälzbrot und Caro-Kaffee für uns Kinder und für die Eltern Tee dazu, das war's.

Der Herd wurde angezündet, wobei der Gasofen am langen Arm, mit abgewandtem Gesicht in Betrieb gesetzt wurde. Noch nicht lange her, da war Mutter eine Stichflamme ins Gesicht gefahren, dass sich für die nächsten Wochen die Rasur erübrigte. Der »Granatenschlag« hatte die ebenen Seitenwände des Ofens ausgebuchtet. Das Gerät hatte seitdem keine exakten Abmessungen mehr und wirkte etwas verschoben. Ein Ofen ist eine andere Art von Lebenspartner, gewöhnungsbedürftig. Hat man alle Launen kennengelernt, will man nichts anderes mehr. Unser emailliertes Monstrum wurde auf Volldampf geschaltet, die Stufe drei. Das letzte halbe Stündlein der Gans hatte geschlagen. Ein irdener Gänsebräter war fingerhoch mit Wasser gefüllt und mit einigen Zwiebelscheiben versehen. Die Gans wurde mitten hinein gesetzt. Der »Sarkophag« wurde mit ritueller Ehrfurcht von meinem Vater ins »Rohr« geschoben. An die Gans ließ er niemanden ran. Ab und an durfte Mutter, außer der Reihe, das Vieh mit dem ausgetretenen Fett übergießen. Sie war für den Kartoffelsalat zuständig. Dafür wurden nicht die berühmten »Sieglinde« verwendet. Etwas weicher kochende Sorten mussten her. Sie sogen die reduzierte Fleischbrühe, den Essig und das reichliche Öl besser auf. Mutters

Kartoffelsalat hatte, wie Lothar Späth es nannte, »soichnass« zu sein. Der extravagante Trick war eine Messerspitze Curry. Kaum zu glauben, aber etwas Curry war unverzichtbar, das verstärkte den Maggigeschmack. Für mich heute noch ein Suchtproblem. In den Salat wurden im Sommer Gurken hineingehobelt, und im Winter war die Zeit der Endivie, die fein geschnitten kurz vor dem Auftragen untergemischt wurde.

Immer wieder wurde die Gans übergossen. Frau Slonek richtete das Besteck. Der Tisch verfügte über das Innenleben einer Ziehharmonika und konnte auf fünfzehn Meter ausgezogen werden. Ein Brett ums andere wurde eingelegt, bis die Zimmerwände die Expansion stoppten. Dreizehn Leute nahmen am Weihnachtsfesttag Platz. Niemand sorgte sich um die Unglückszahl, da waren eher Bedenken angebracht, dass die Gans nur für zwölf reichen könnte.

Aber so weit war es noch nicht. Der Spätzleteig ruhte in einer Steingutschüssel und durfte nicht gestört werden, er war mit einem rot karierten Küchentuch bedeckt. Der Teig verlor durch die Ruhezeit seine gummiartige Konsistenz. Sind Spätzle landläufig weich, so waren sie im Haushalt des Tierarztes recht fest. Vater wollte die weichen – wie er immer sagte: »nassen« – »Hunde« nicht. Deshalb war es nicht damit getan, sie vom Kochwasser gleich auf den Teller zu befördern. Die Spätzle kamen auf ein Tuch zum Antrocknen und wurden dann in Butter ge-

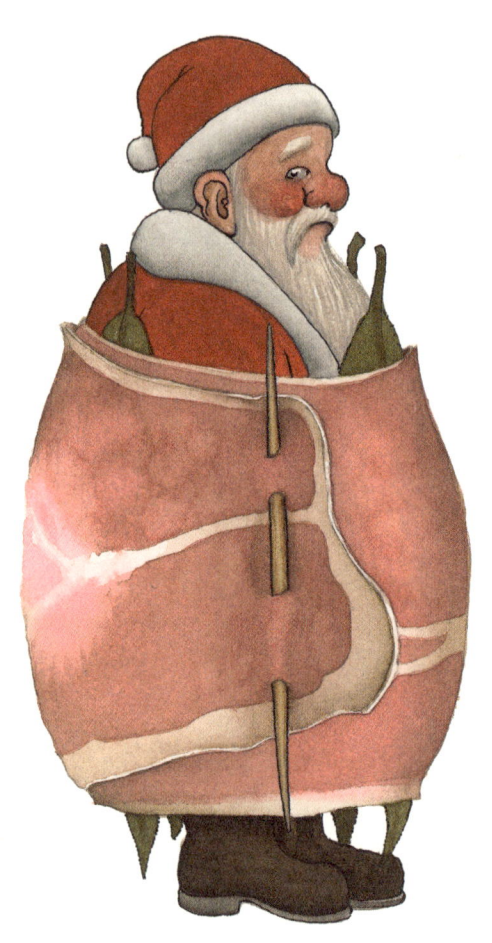

schwenkt. Frau Slonek war mit der Suppe beschäftigt. An Weihnachten war das immer eine Markklößchensuppe. Der feine Schnittlauch kam aus Töpfen, die auf der Fensterbank darauf warteten, immer wieder geschoren zu werden.

Um halb zwölf klingelten die Altvorderen um Einlass. Omi hatte sich zu dieser Saison lila-silbrige Löckchen gedreht, schürzte mit geübtem Snobappeal ihren kirschroten Mund und fuchtelte mit dem Lorgnon herum, wenn sie nicht gerade demonstrativ die silberne Zigarettenspitze zur Decke streckte. Sie war sehr »sophisticated« und in ihren bis zu den Ellenbogen reichenden Seidenhandschuhen für schwäbische Verhältnisse reichlich »aufgedonnert«, wenn nicht gar ein Ärgernis. Emil versäumte nicht, wie beim Appell die Hacken zusammenzuschlagen. Vinz, der Schwabenopa, putzte verlegenheitshalber seine randlose Brille, um dann die Denkerstirn skeptisch nach oben zu ziehen. Er zückte seine Taschenuhr, um gewohnheitsmäßig zu prüfen, ob der Stundenplan stimmte. Insgesamt eine filmreife Eröffnung für ein Festessen.

Frau Slonek schöpfte reihum die Suppe ins Festtagsgeschirr und alle waren in übertriebener Sonntagslaune. Vater nahm sich nicht viel Zeit für den kulinarischen Prolog. Dafür stand in der Küche zu viel auf dem Spiel. Alle Gänse schauen gleich aus, sind aber doch völlig unterschiedlich. Die Garzeiten können gut und gern um eine Stunde differieren. Heute war ein Glückstag, die Stricknadel, die Vater wie ein Torero in die Keulen trieb, fand keinen Widerstand und ließ sich ebenso leicht wieder herausziehen. Das Tranchieren begann. Ein Schlegel wurde gleich abgezweigt und in der »Speis« deponiert. Morgen war auch noch ein Feiertag, für Vater jedenfalls. Die berühmte einbeinige Gans des Tierarztes wurde in die restlichen Teile zerlegt. Meinem Bruder wurde erfolgreich eingeredet – er glaubt bis heute daran –, dass der Bürzel das Beste sei, und bekam ihn als Statussymbol des Erstgeborenen. Meine vier Schwestern und ich erfreuten uns an den Flügeln und knusprigen Hautfetzen. Wir waren herrlich zufrieden, denn viel Soß', Spätzle und Kartoffelsalat waren die Eckpfeiler unseres kulinarischen Verständnisses. Es war genügend da, trotzdem aß man mit größtmöglicher Geschwindigkeit. Der Nachschlag ist des Deutschen schönstes Gericht, denn man traute dem Nachschub in der Küche nicht. Opa, der Mann, der die Philosophie des Maßhaltens der griechischen Denker von Sokrates und Platon bis zur bescheidenen Lust eines Epikur zeitlebens verwaltet hatte, war angewidert von unserer Hemmungslosigkeit.

Wie immer an Vierfesten wurde mir schwindlig. Also raus an die frische Luft, Bruder Werner folgte und auch Vater. Man wankte schweigend ums Haus. Wir brauchten diesbezüglich keine Worte. Die Binsenwahrheit, dass ein schwäbischer Schmaus in katholischen Haushalten in zwei Teile fällt, leuchtet ein. Erst der ungestüme Genuss, um den sogenannten »Gäh-Hunger« zu bekämpfen. Hatte man sich an der Tafel wie ein wildes Tier gütlich getan, dann war ein kleiner Rundgang fällig. Man musste das Reingewürgte »setzen lassen«, um danach noch einmal richtig zuschlagen zu können. Ein womöglich altgermanischer Brauch, als man noch nicht wusste, ob der nächste Tag eine erfolgreiche Jagd versprach.

Die sonntäglich aufgekratzte Tischfreude war längst stumpfem Trotz gewichen. Kann man unwiederbringliche Freuden ausschlagen? Unmöglich! Wie soll man eingedünstete Herzkirschen mit Grießschnitten ablehnen? Auf eingedünstete Herzkirschen war ich richtig wild, wenngleich mir Kirschen immer den Anschnauzer des Vaters einbrachten. Mit Vater war insofern nicht gut Kirschen essen, da er immer wieder, wie wir alle, auf einen Kern biss. Er war jedoch an seinen Stammtischen dafür berühmt, Bierflaschen mit den blanken Zähnen den Kronkorken zu entreißen. Es ging eigentlich nur ums Prinzip und nicht um die Gefährdung der Zähne. Irgendwelche Indizien sprachen dafür, dass ausgerechnet ich beim Entsteinen im Sommer, wie immer, geschlampt hatte. Gott sei Dank hatte das Kirschendessert erst dann seinen Auftritt, wenn die friedensstiftende Wirkung des allgemeinen Völlegefühls sich wie dicker Teer über die Tafelrunde drückte.

Außer den Großeltern waren alle am Rande des Komas. Man schwieg. Die Herren schnullten träge an den fetten Zigarren und stierten in ihre Schnapsgläser. Allgemeines Dösen. Nach eineinhalb Stunden zeigte die Pause Wirkung. Der »Ranzen« spannte noch, aber es ging wieder etwas

Gastweihnachtsmann
von Volker Kriegel (1943–2002)

hinein. Gegen vier schlug die famose Stunde von Frau Slonek. Die Decke mit den St. Gallener Klöppelspitzen wurde nebenan im gelüfteten Speisezimmer aufgelegt. Gebäckschalen wurden darauf angeordnet und der Kaffee eingegossen. Torten gab es keine, aber Kuchen aller Art: Apfelkuchen, Biskuitrolle, Linzer Torte, und vor allen Dingen Schlagsahne. Zwei Mal im Jahr gab es Schlagsahne. Zwei Mal im Jahr wurde mir speiübel, dass sich die Welt schneller im Kreise drehte als mir lieb war. Geburtstag und Weihnachten im Zeichen der Schlagsahne, aber nicht meiner Gesundheit.

Kinder erholen sich schnell, und alles hat ein Ende. Während ich mit der Märklineisenbahn spielte, wurden auch die Gespräche aus dem Herrenzimmer und der Bibliothek wieder einsilbiger. Jetzt war's genug. Trotz aller Gegensätze, Ecken und Kanten der Beteiligten lag Eintracht unterm Zigarrenrauch. Lag es daran, dass man noch einen Funken Religiosität im Leib hatte? Wohl kaum: Es war das Ensemble von Bordeauxrotwein, Gänsefett und Verdauungslikören, das die Runde in die Wehrlosigkeit und Übereinkunft entließ.

Es ist sicherlich keine komplizierte Theorie, zu behaupten, dass satte Leute stets friedlich sind. Wer rückblickend die unsensible Fresswelle der fünfziger und sechziger Jahre kritisch überdenkt, kann diese Symptome vielleicht als Ausgleich für jahrzehntelangen Unfrieden werten.

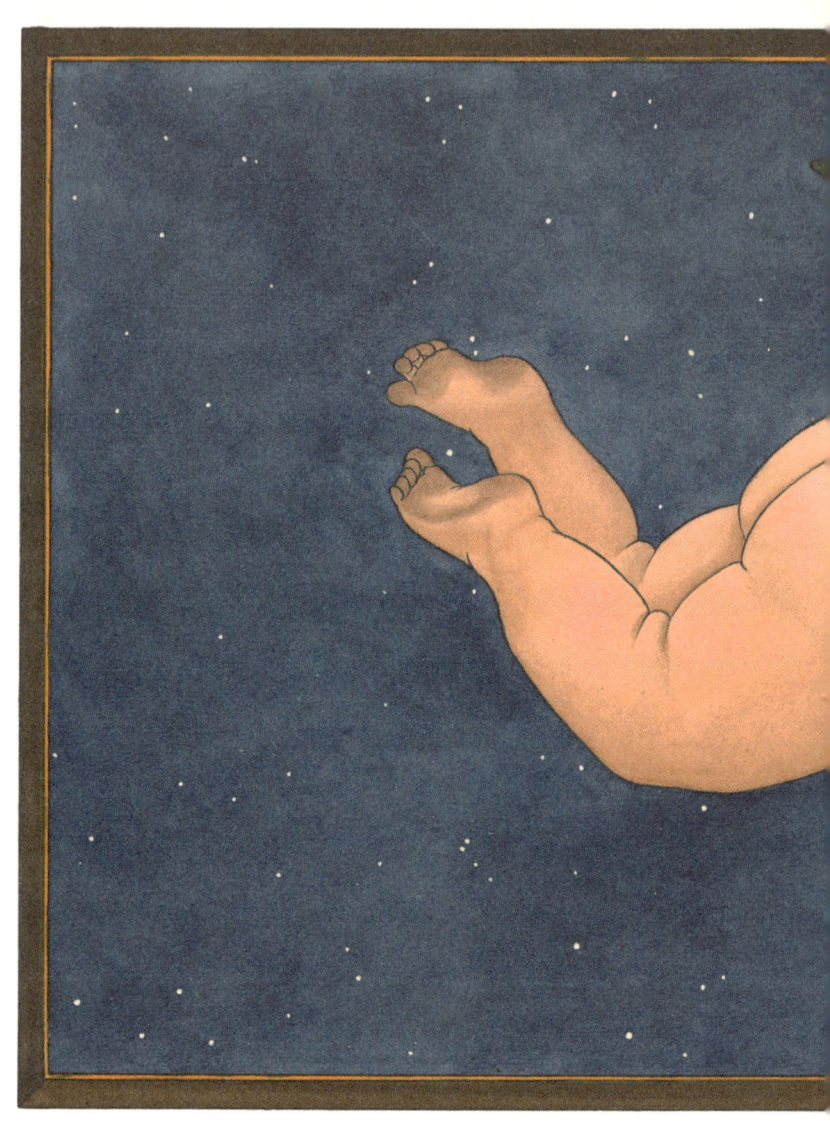

Wo isst Gott?

Eine säkulare Spekulation

Ob es einen Gott gibt und wo, wenn ja, im Universum er sich dann herumdrücke, ist mir, von einem nietzscheanisch-atheistisch lodernden Feuer in frühester Jugend einmal abgesehen, immer gleichgültig gewesen, denn die Antwort, wie sie auch ausfällt, ändert ja nichts: Gott ist egal, und was egal ist, darf ignoriert werden. Sollen sich doch die Gläubischen darum zanken, ob Gott, wie Brecht es Galilei in den Mund legte, »in uns oder nirgends« sei oder in allen Wesen und Dingen; wobei mir diese pantheistische Sicht, bei aller angenehmen Leidenschaftslosigkeit, die ich mir in religiösen oder sogar scholastischen Fragen zu eigen gemacht habe, recht sympathisch ist: Wenn Gott sich auch noch in einem Bundesligasammelklebebildchen verbirgt, das einen Spieler des 1. FC Kaiserslautern zeigt, dann ist Gott aber wirklich sehr, sehr großzügig, ein echter Kumpel quasi – für den ich mich erstmals verstärkt interessierte, als es mit dem oft beschworenen Leben beziehungsweise Essen wie Gott in Frankreich aus und Essig schien, wegen Jacques Chirac und seinen Pendants, den nicht minder verbissenen deutschen Wein- und Käse-Boykotteuren: Wo bitte isst, also wo futtert, spachtelt und mampft Gott seitdem? Wo zieht er seit jenem Sommer 1995 tüchtig die Nähte stramm? Im ICE-Bordrestaurant, wo man Presspappe *à la Mikrowell* serviert? Im *Kaufhof* in Köln, wo man Tische mit lyrischer Lektüre schmückt:»Nur ein paar Schritte mit Tablett, zum Abräumwagen/-band, das wäre nett?« Im *Sindbad Imbiss* an der Kottbusser Brücke, wo man»Sindbad Knoblauch Sosse« feilhält:»Als Salat-Dresing oder auch einfach auf tost brott«?

Dergestalt mit der Problematik göttlicher Nahrungsaufnahme beschäftigt, stapfte ich durch die Straßen. Es war ein kalter, klarer Tag Anfang Dezember, Schnee tanzte in der Luft. Ein paar Meter entfernt hielt eine junge Frau ihren Kinderwagen an und schnäuzte sich so laut und trompeterisch, dass ich ihr im Vorbeigehen zuwinkte und sie, allerdings nur leise für mich, befragte:»Wale, wollt ihr ewig leben?« Beim Fleischer besorgte ich eine Lammkeule und was so dazugehört; am Ausgang drückte mir ein verwirrt aussehender junger Mann eine Broschüre in die Hand,

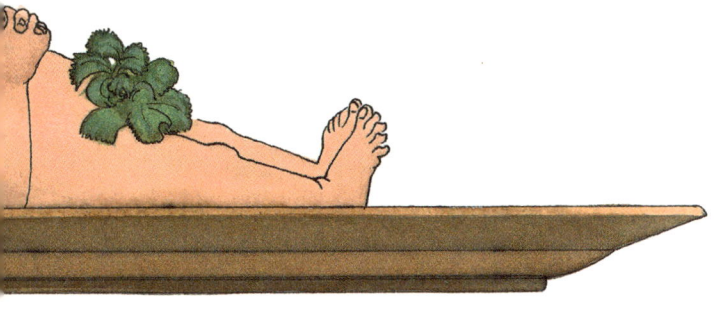

Weihnachtsmann naturel

ein Traktat mit dem Titel »Jesus macht total glücklich, Teil zwei«. – »Was für eine finstere Drohung!«, tadelte ich ihn, »aber ›Teil zwei‹ ist prima: Da ist wohl nach Teil eins doch noch ein Rest übrig geblieben«, packte meinen »Tim und Struppi«-Rucksack fester und eilte davon, Van Morrison auf den Lippen, in der Kehle und im Herzen; obwohl Agnostiker, habe ich die Zwiesprache Morrisons mit seinem Gott, die manche Leute als Songs missverstehen, immer respektiert und ihn verehrt, und so beseelt ich es eben vermag, sang ich mich nicht himmel-, sondern heimwärts:

On Raglan Road, on an autumn day, I saw her first and new.
That her dark hair would weave a snare that I might one day rue.
I saw the danger, yet I walked along the enchanted way.
And I said, let grief be a falling leaf at the dawning of the day.

Zuhause angekommen, half ich dem Lamm, es sich auf einem Gemüsebett bequem zu machen. Während ich das Tier in die Röhre schob, wo es sich recht bald wollüstig lasziv in Rosmarin, Schalotten, Tomaten, Knoblauch und Rotwein wälzte und dabei wohlig schmurgelnde bis zustimmend schnurrende Seufzlaute von sich gab, trällerte ich albern: O Gott, ich will nicht wissen, wo du bist – mich penetriert die Frage, wo du isst.

Keine drei Sekunden später klopfte es an der Tür; ich öffnete. »Du hast mich gerufen?«, fragte die Frau im Türrahmen. »Aähh jjaa«, gab ich zurück und stand wohl etwas baff und bräsig herum, denn sie sagte: »Willst du mich nicht hereinlassen?« – »N-natürlich«, sagte ich und bat sie in die Küche. Sie war schlank und groß, sicher einen halben Kopf größer als ich; irgendetwas mit *Kragenweite* schoss mir durch den Kopf, aber das behielt ich für mich, und dann straffte ich meinen eher runden Leib, legte den Kopf in den Nacken und sagte so lässig wie möglich:

»Hallo, Kleine.« In ihren Augen glitzerte es, amüsiert, wie mir schien, aber sie antwortete nur: »Pass du lieber auf dein Lämmchen auf. Du musst gut zu ihm sein. Gib ihm ordentlich Rotwein zu trinken.«

Da hatte sie allerdings recht; ich versorgte das Tier und füllte auch uns die Kelche. »Der größte Tierfreund ist ein guter Koch«, fuhr sie fort; »wenn man die Viecher schon umbringt, soll man sie hinterher wenigstens anständig behandeln. Nicht wie Alice Schwarzer beim Kochen mit Biolek! Hast du das gesehen? Unglaublich!« Sie hatte die Stimme gehoben; zwar wunderte ich mich, dass Gott fernsah und dann auch noch solches Zeug, schüttelte aber nur den Kopf, um sie nicht zu unterbrechen.

»Alice Schwarzer kocht bei Biolek«, erzählte sie; »sie schmeißt also ein Maishühnchen in einen Topf, und dann stehen die beiden da und lügen sich gegenseitig einen in die Tasche darüber, wie klasse sie doch zu leben verstehen, Schwarzer hat schon gut getankt und kräftig einen in den Hacken, schwankt mit roter Glommse herum und klatscht zwei Becher Crème fraîche an das Huhn, und das war's dann auch schon mit der ganzen Kochkunst, und Biolek schwuchtelt die ganze Zeit um sie rum und jankt, ›Aah, Frau Schwarzer, wie lecker, wie grooßartig Sie das machen‹ undsoweiter – nein, ich verstehe ja gut, dass man den kommoden Platz am Ende der Nahrungskette nicht aufgeben will, aber so geht es nicht!«

Sie hatte sich in Rage geredet und zündete sich eine Zigarette an; ich schenkte nach und konnte nichts denken als »Ooh jaa!« Später verspeisten wir das Lamm; sie war so freundlich, das Tier und mich zu loben, wir plauderten über unsere Lieblingsrestaurants und räsonierten, wo es denn im Argen liege in der Welt der Gastronomie. In die *Volxküche* zu den Schmuddeligen und ihren Kötern gehe sie bei aller Neugier nicht mehr, erzählte sie, aber auch die Nobelläden sagten ihr nicht so zu, vor allem wegen der Kellner: Immerzu scharwenzelten sie devot um einen herum, und wenn man sich einmal selbst Wein nachschenke, seien sie gleich be-

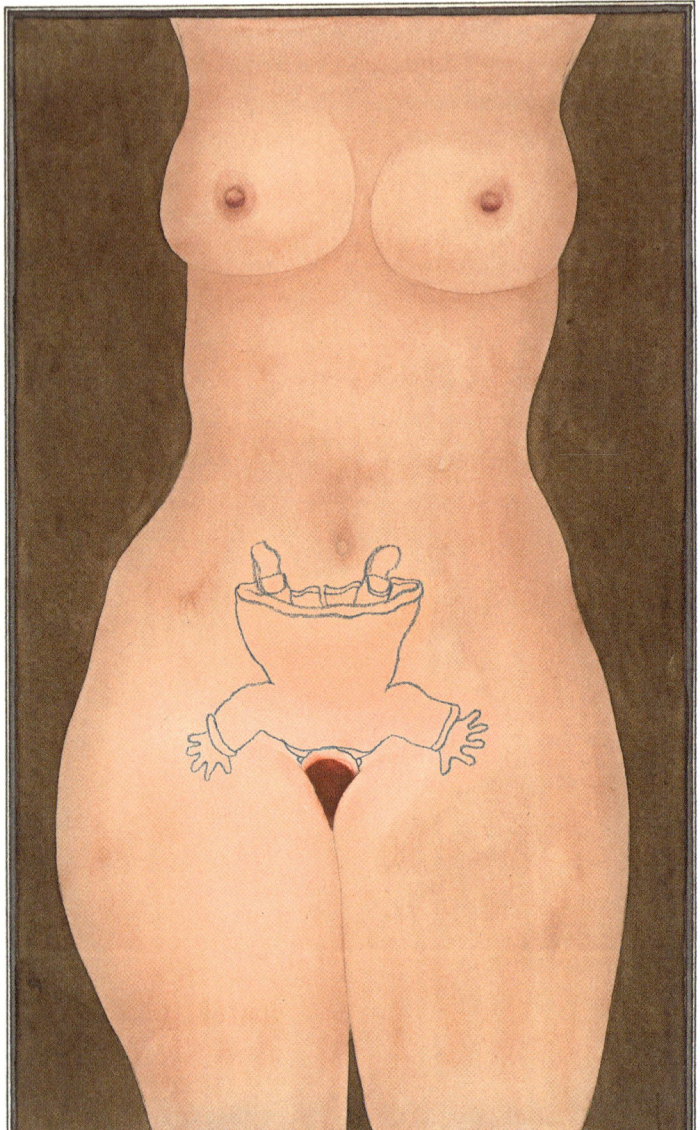

leidigt. »Das ist das Lästige mit euch«, sagte sie, »ständig quakt ihr von Respekt und von Würde, aber führt euch auf wie die letzten Hachos.« Ich schwieg; was außer »Ist ja wahr« hätte ich auch sagen können? »Du schreibst doch«, sprach sie mich direkt an, »schreib doch mal eine Geschichte über die Verwüstungen im Kellnerwesen, über die Studenten, die es nicht können, oder über die Lackaffen, die einen Tanz aufführen, statt ganz normal ihre Arbeit zu machen!«

Interessant, wofür Gott sich so interessiert, dachte ich – für genau dieselben Sachen wie ich. So ein Zufall! Begeistert versprach ich, dem Thema schon bald meine Zeit und Energie widmen zu wollen. Dann fiel mir nichts mehr ein, und ich verpasste den Zeitpunkt, das Schweigen mit belanglosem Gezwitscher zu vertreiben; langsam wurde die Stille dröhnend. Eher belustigt, so kam es mir jedenfalls vor, sah sie mich an. Ich gab, wenn auch nicht beabsichtigt, eine Darstellung ab von Robert Gernhardts Vers »In meinem Kopf ist Ebbe, in meinem Herzen Flut«; als Gegengift rief ich mir die Zeile »Armer Junge, gib dir Mühe, sieh nicht so auf deine Schuh'« von Danny Dziuk ins Gedächtnis, raffte allen Restmumm zusammen und hielt so wenigstens ihrem Blick stand, wenn auch nicht ihrem nächsten Satz: »Naa – wie sieht es denn mit dem Nachtisch aus?«, fragte sie betont harmlos. Ich schluckte, und mein Herz sackte ab; erst Stunden später hörte ich es irgendwo in der Nähe des Erdmittelpunkts aufschlagen. Lange vorher aber hörte ich sie fragen: »Was hältst du von Götterspeise?«

Die Geschichte über das Kellnerwesen habe ich schon am nächsten Tag geschrieben und in ihrem Lieblingsrestaurant für sie hinterlegt. Ich weiß aber nicht, ob sie das Stück gelesen und ob es ihr gefallen hat, denn ich habe sie nicht wiedergesehen. Aber manchmal bete ich, ganz agnostisch, versteht sich, zu Gott – und hoffe, dass ich ihr ein würdiger Nachtisch war.

Der Weihnachtsgans
letzter Teil

Irgendwie muss man es schaffen, den Kühlschrank vom Übriggebliebenen der Weihnachtsfesttage zu befreien. Wohin mit den Gänseknochen? Womöglich bibbern noch diverse Gänseteile im Eisfach. Klar, man könnte sich eine Überführung in die Tiefkühltruhe ausdenken. Die Saucenreste wären auch noch dazuzupakken und wie so vieles, was darin lagert, an die Grenze des Verfallsdatums zu drängen.

Tiefkühltruhen sind geduldig, leiden aber gewöhnlich an Übergewicht. Jahrgangsgeflügel lagert dort, und kofferraumweise harren Asservate der späten neunziger Jahre des vergangenen Jahrhunderts auf ihren Einsatz. So futtert mancher stolze Tiefkühltruhenbesitzer gegen den ständig wachsenden Gefrierbrand an. Gammelfleisch ist überall. Vorräte, egal welchen Zustands, haben etwas Beruhigendes. Man kann nie wissen, schon gar nicht, was das anbrechende Jahr noch so alles an Katastrophen bringen könnte. Deutet man die Mimik des Finanzministers, möchte man sich schützend auf die Kühltruhe werfen. Man möchte Rettung suchen, wie auf einer Schiffsplanke treibend, im Ozean der täglich weiter zerbröselnden Altersversorgung. So bietet der völlig überlagerte Inhalt streng genommen keine Gourmandise, aber eine sehr zuverlässige Notverpflegungs- und Zukunftssicherung.

Wie geht es aber in Haushalten wie meinem zu, was macht einer, dessen Profession sich letztlich an Verschwendern orientiert? Man schwelgt im Hier und Jetzt und genießt jeden Tag, als sei es der letzte. Jenseits aller

Jäger, Sammler und Archivneurosen kommt man so nicht mal zu einem kleinen Weinkeller. Wie soll's so weit kommen, wenn gleich alles weggetrunken wird und man eine Küche der Frische und kurzen Vorratshaltung pflegt?

Für unseren Kühlschrank zwischen den Jahren muss die Devise des Winterschlussverkaufs ausgegeben werden:»Alles muss raus!«Ich rede nicht vom Tiefkühler und dessen lauerndem Inhalt. Nein, den könnte man testamentarisch einem Notar anvertrauen. Sollen sich die Nachkommen damit gegen drohende Hungersnöte rüsten. Nein, die Rede ist vom Kühlschrankinhalt und den Resten der Feiertagsorgien.

Gut, greifen wir uns die teilbenagten Knochen und fieseln alle Hautstückchen der Gans oder des Truthahns sauber ab. Die Arbeit lohnt sich, denn der kräftigste Geschmack sitzt bei allen Vögeln in den verborgenen Ritzen und in der Haut. War über die Weihnachtsfeiertage die Verwandtschaft zu Gast und der Kühlschrank ist bereits völlig kahl gefuttert, dann kauft man sich Folgendes ein:

Scharfe jüdische Gänsesuppe
Zutaten für vier Personen

	Gänsekeulen (Ente oder selbst ein ganzes Huhn sind auch nicht zu verachten)
1 Bund	Suppengemüse
3	Zwiebeln, in feine Scheiben geschnitten
3	Zehen Knoblauch
1 EL	Mehl
1 TL	Kurkuma (Gelbwurz)
4 EL	Ingwerpulver
3 l	Wasser
	schwarzer Pfeffer aus der Mühle, Salz

Die Gänsekeulen werden mit 2 Liter Wasser, Suppengemüse, geschnittenen Zwiebeln und gehacktem Knoblauch mindestens eine Stunde geköchelt. Danach wird alles Fleisch von den Knochen entfernt und in kirschgroße Stücke geschnitten. Das Abgefieselte, die Haut, auch Fettstückchen – Ernährungsberater mögen weghören – schneide ich in kleine Würfelchen und stelle sie beiseite.

Das Mehl, Kurkuma und den Ingwer mit etwas Wasser anrühren und unter die Suppe ziehen. Bitte keinen frischen Ingwer nehmen, er hat einen ganz anderen Grundcharakter als der getrocknete. Bei mäßiger Hitze 15 Minuten langsam weiterkochen. Die Suppe mit dem Handmixer durcharbeiten, bis sie sämig ist. Nun pfeffern und salzen: ausprobieren, ob das Verhältnis von Salz und Pfeffer ausgewogen ist. Das Fleisch in die Teller verteilen und mit der Suppe übergießen.

Als Einlage können auch noch andere Gemüse herhalten. Das Rezept funktioniert auch mit kaltem Braten oder anderem Geflügel. Es ist ziemlich alles erlaubt, nur eines nicht, wenn wir uns an eine jüdische Regel halten wollen. Sahne, Butter oder Milch kommen nicht ins Gebrodel: »Du sollst das Zicklein nicht in der Mutter Milch baden«, so ungefähr schreiben es die mosaischen Speisegesetze vor.

Weihnachten bei Löfflers *(Platalea Leucorodia)*

Ein Papst in der Post

Heiligabend im Himmel

Im Himmel ist der 24. Dezember ein Tag wie jeder andere. Gott saß in der Küche beim Frühstück. Seine Frau, die gern ein bisschen länger schlief, lag noch in den Federn. Gott beneidete sie um ihren festen Schlaf. Er selbst schaffte nur noch ein paar Stunden pro Nacht, und auch die waren von Wachheit kaum zu unterscheiden. Die alte Berufskrankheit, immer und überall präsent zu sein, hatte er nie ganz ablegen können, und besser wurde es jetzt nicht mehr mit ihm. Seiner Frau jedoch würde er später ein Frühstück kredenzen, so wie sie es liebte, mit allem drum und dran. Zwar gehörte Gott sein Universum längst nicht mehr, und seiner Meinung nach war es auch einigermaßen aus den Fugen, aber auf das, was es hergab, hatte er noch Zugriff. Das war eine kleine Entschädigung für den harten Job, den er nun schon ziemlich lange machte.

War es vielleicht an der Zeit, den Bettel hinzuschmeißen? Radikal zu privatisieren und in Rente zu gehen? Oder hatte er gar keine Wahl? Gott schob den missliebigen Gedanken beiseite und biss in ein warmes Honigbrötchen. Auf den Bäcker war längst kein Verlass mehr, aber die Bienen brachten es noch, immerhin.

Es klopfte. Petrus war im Dienst alt und grau geworden, hielt sich aber senkrecht. Seine Manieren waren tadellos wie immer. »Die Post, Chef«, sagte er und legte ein Päckchen auf den Tisch. Gott bedankte sich herzlich bei seinem treuesten Mann. Dann wechselte er in eine ironischernste Tonart: »Und dass du mir keinen reinlässt, ja?« Das war ihr tägliches

Ritual. Auch Petrus mochte es mittlerweile und antwortete wie an jedem Morgen im Flüsterton:»Ist klar, Boss. Das Boot ist voll. Ich halte den Laden sauber. *At your service, MyLord*«, sagte er mit einer leichten Verbeugung und ging, in der Manteltasche nach einer Filterlosen kramend. Alte Schule, dachte Gott zufrieden. Er mochte das.

Gott goss sich Kaffee nach, setzte sich wieder und griff zu dem kleinen Paket. Er bekam eine Menge Post, und er war froh, dass gleich hinterm Haus das Fegefeuer brannte, seine kleine Müllverbrennungsanlage, wie er die ewigen Flammen gerne nannte. Es war schon erstaunlich, um was alles ER, Gott, sich kümmern sollte. Einmal hatte ihm eine Landesbischöfin aus Hannover die CD einer Sängerin namens Madonna geschickt, gepaart mit der Bitte, die Musik samt der Dame zu verbieten. Was gingen Gott irgendwelche Madonnen an? Oder Bischöfinnen? Dachten diese Leute sich etwas dabei, oder waren die vollautomatisch? Für solche Lappalien fehlte ihm zum Glück die Zeit. Eine elegante Bewegung aus dem Handgelenk hatte genügt, um die Doppelbehelligung in die ihr angemessene Glut zu expedieren. Das gute, alte Feuer war ein echter Klassiker und noch immer eine seiner besten Erfindungen.

Warum man ihm überhaupt Musik zuschickte, konnte Gott sich ohnehin nicht erklären. Was er brauchte, hatte er. Seit 1750 lebte Johann Sebastian Bach im Südflügel des Himmels. Wann immer Gott der Musik bedurfte, spielte Bach für ihn. Es hatten sich eine Menge Leute an Gott herangewanzt über die Jahrtausende. Bücher und Kompositionen hatten sie ihm gewidmet, ihm ihr Leben geweiht, und besonders aufdringliche Charaktere waren in Heldenpose sogar angeblich für ihn gestorben. Es war die reine Trittbrettfahrerei.

Bach war eine Ausnahme. Der Mann wusste, was er tat, hatte alles Maßgebliche begriffen und wollte Gott nicht beseppeln, ihn nicht ausnutzen und ihm nicht ins Handwerk pfuschen. Gott hielt es umgekehrt genauso. Bach war ihm ohne jede Eitelkeit ehrlich zugetan, das hörte er auch noch mit seinen alten, stark strapazierten Trommelfellen. In Momenten der Müdigkeit suchte und fand Gott Trost bei Bach, der ihn verlässlich wieder aufbaute, einfach so, als Freund. Es würde Gott eine Freude sein, ihm Heiligabend schön zwanglos aufzuwarten. Das hatte er schon oft getan, und immer hatte er gesehen, dass es gut war.

Vor lauter Sinnieren und Abschweifen hätte Gott fast das Päckchen vergessen, das Petrus ihm hingelegt hatte. Der Absender lautete:»Herder, Freiburg im Breisgau«. Die Firma kannte er, das waren akademische Christen, eine besonders zuverlässige Belästigung. Was wollten die denn schon wieder? Ihm einreden, ihr seltsames Bedürfnis nach Religion hätte etwas mit Gott zu tun? Also mit ihm? Wo lebten die denn?

Leicht verstimmt riss er dennoch den großen Umschlag auf, bekam ein eingeschweißtes Buch in die Hand und las:»Joseph Ratzinger Benedikt XVI. Jesus von Nazareth«. Wer war Autor, was Titel? Ganz klar war das auf Anhieb nicht zu erkennen. Aber hinten auf dem Buch stand es:»Zu dem Jesus-Buch … bin ich lange innerlich unterwegs gewesen. Joseph Ratzinger – Papst Benedikt XVI.« Das war dann ja wohl der Autor.»Lange innerlich unterwegs gewesen« kam Gott allerdings bekannt vor. War das hier »Mein langer Lauf zu mir selbst, Teil zwei«?

Den ersten Teil hatte Gott genauso ungebeten zugeschickt bekommen, auf Wunsch und mit Widmung eines ebenfalls deutschen Autors, der unter anderem als Papstaudienzler unterwegs gewesen war, allerdings bei dem Vorgänger des jetzigen Vatikanvorstehers. In der Erinnerung an Johannes Paul II. lächelte Gott versonnen. Die alte polnische Reisekartoffel hatte er sich manchmal ganz gern angesehen. Das Rollbahnabküssen war wirklich drollig. Im Showgeschäft war der Mann eine Zugnummer gewesen, das musste man ihm lassen. Trotzdem: Zu glauben, Gott interessiere sich prinzipiell für einen Papst, war schon ein dicker

Hund. Päpste hatte er nun wirklich reichlich kommen und gehen sehen. Die machten ihren Kram, Gott machte seinen. Das hatte miteinander nichts zu tun, dazwischen lagen Welten.

Gott las weiter:»Wer ist Jesus von Nazareth, und was können wir über ihn wissen? Ist er nur ein Mensch? Ist er Gottes Sohn? Was ist die Wahrheit über Jesus?« – Ja was wohl, knurrte Gott. Seinen Sohn kannte er schließlich ganz gut. Dieses Früchtchen! Gott hatte den Bengel schon längst vor die Tür gesetzt, und was ihm dann und wann über ihn zu Ohren kam, war nichts Gutes. Über 2000 Jahre hatte der Bursche auf dem Buckel und hing immer noch rum. Auch diese Althippie-Karnevalsverkleidung hatte Gott nie gefallen, in dem Punkt war er konservativ. Jesus war durch, der lernte nichts mehr dazu, pflegte nur noch seine Fangemeinde und ließ sich offenbar vor jeden Karren spannen, solange ihm die Massen zujohlten. Keine Substanz, der Junge, und Charakter war auch Fehlanzeige. Irgendetwas hatte Gott bei der Erziehung wohl verbockt. Oder waren es die Gene? Der Gedanke gefiel ihm ganz und gar nicht. Störrisch grummelte er: Nein, von mir hat er das nicht!

Er befreite das Buch aus seiner Umhüllung. Diese Päpste waren schon komische Vögel: Kondome verbieten fanden sie ganz wichtig, aber ihre eigenen Schriften ließen sie darin einwickeln. Waren Päpste und ihre Bücher ansteckend? Und falls ja, welche Krankheiten übertrugen sie? Gott galt zwar allgemein als allwissend, aber mit manchen Aspekten dieses elenden Durcheinanders da draußen wollte er sich einfach nicht mehr beschäftigen. Er schlug das Buch bei der letzten Seite auf. Gott las gewohnheitsmäßig hebräisch, von hinten nach vorn. Das hatte er von seiner Frau, die es beim Zeitunglesen auch so machte und immer mit den Todesanzeigen anfing.

Sein Blick fiel auf die Paginierung: Knapp 450 Seiten hatte der Autor über Jesus zusammengedübelt. Sa-gen-haft!, dachte Gott: Ein dickes Trumm von Buch über seinen missratenen Sohn schreiben, aber nicht ein

Mal beim Vater nachfragen! Was war das denn für ein Schluffen? Auf der hinteren Klappe war eine Fotografie des Mannes abgedruckt. Gott sah einen alten Herrn ganz in Weiß mit Mützchen auf dem Kopf, der in der Pose des bescheidenen gelehrsamen Studierens an einem Schreibtisch saß. Wenn der so wissbegierig war, wieso forschte er dann nicht an der Quelle?

Gott las den Text unter dem Foto: »Gewiss brauche ich nicht eigens zu sagen, dass dieses Buch in keiner Weise ein lehramtlicher Akt ist, sondern einzig Ausdruck meines persönlichen Suchens nach dem Angesicht des Herrn.« – Angesicht des Herrn? Ich geb' dir gleich Angesicht des Herrn!, fauchte Gott und fuhr sich durch den wuchernden Bart. So langsam war ihm nach Altem Testament zumute.

Seine Frau kam herein und küsste ihn. Sie sah hinreißend aus; seine Laune besserte sich schlagartig. Sie ist ja nicht nur wunderschön, dachte Gott, sondern auch viel klüger als ich. Die Schöpfung geht den Bach runter, und sie kümmert sich einfach nicht darum. So weise könnte ich doch bitte auch endlich mal sein, oder?

Er begann, in der Küche herumzuwuseln, bereitete frischen Kaffee zu, presste Saft, briet Spiegeleier, röstete Brot, holte frische Blumen aus dem Garten Eden und deckte den Tisch. Dann leistete er seiner Frau beim Frühstück Gesellschaft und freute sich an ihrem unermüdlichen Appetit. Nachdem sie das dritte Spiegelei verputzt hatte, streckte sie sich wohlig und fragte aufgeräumt: »Was machen wir dieses Jahr zu Weihnachten? Mal wieder einen Tsunami?« Sie gab ihm noch einen Kuss. »Oder hast du eine andere schöne Idee?«

Gott erzählte seiner Frau von dem Buch über Jesus. »Oh, zeig doch mal her«, sagte sie und betrachtete die Schwarte. »Darüber habe ich schon etwas gelesen. In den vermischten Nachrichten. Da war ein Interview mit einem Kardinal Meisner, der behauptete, wenn Jesus alt geworden wäre, dann sähe er jetzt aus wie dieser Benedikt. Ganz im Ernst! Dabei ist Jesus

doch alt. Die haben wirklich keine Ahnung. Aber eine ziemlich große Klappe.«

Sie räumten den Tisch ab. Gott spülte, seine Frau hatte den großen Briefumschlag in der Hand, in dem das Jesusbuch gekommen war, und wollte ihn im Fegefeuer entsorgen. »Kuck dir das an!«, rief sie plötzlich. »Da ist ja schon wieder der Papst. Der schreibt nicht nur über Jesus, den gibt es auch als Briefmarke!« Sie drehte sich zu Gott um, der sich die Hände abtrocknete und neugierig näher kam. Tatsächlich: Der Autor klebte auf dem Umschlag, gleich acht Mal nebeneinander, als Briefmarke zu je 55 Cent. »Und hier« – die hitzige Stimme seiner Frau ließ Gott endgültig herbeitreten – »auf der Umrandung des Papstblöckchens steht noch ›Cooperatores Veritatis – Mitarbeiter der Wahrheit‹! Eine Nummer kleiner hatten sie es im Vatikan wohl gerade nicht.« Auf dem Bild trug der Papst vollen Ornat und breitete in einer großen, weltumspannenden Geste die Arme aus.

»Kannst du dich erinnern?«, sprudelte es aus Gottes Frau hervor. »Als dieser Benedikt anfing und Papst wurde, da sagte er doch, er sei ›nur ein einfacher, demütiger Arbeiter im Weinberg des Herrn‹! Ich weiß das noch so genau und wörtlich, weil ich mich damals so gewundert habe: Ich hatte den hier noch nie gesehen! Und jetzt taucht der als Briefmarke auf und sieht aus wie eine Mischung aus Stadionrocker und Teletubbie.«

Gott betrachtete das Bild auf den Marken. Es stimmte: Demut ging irgendwie anders. Seine Frau lachte sich kaputt. »Und das Schärfste ist«, sagte sie prustend, »dass der Papst nicht mal selbstklebend ist.« Sie zeigte nochmals auf die Briefmarken. »Wenn da unten ein Mensch einen Brief verschicken will, dann muss er den Papst von hinten küssen. Stell dir das mal vor: Man muss den Papst tatsächlich persönlich ablecken. Auf der Rückseite, er will es so. Ist das nicht komisch? In Deutschland stehen die Leute in der Post und rufen: Kirche von hinten! Leck mich am Papst!«

Gott nahm den Umschlag an sich, schnitt mit der Küchenschere die Papstbriefmarken aus, nahm einen Streifen Tesafilm, ging zur Himmelstür, öffnete sie und klebte das Stück Karton vorne an den Eingang, gleich neben die Klingel. Mit einem Filzstift schrieb er daneben: Wir müssen leider draußen bleiben.

Post Scriptum:

Danach ging Gott zurück in die Küche, es war ihm so leicht ums Herz wie lange nicht. Bob Dylan, ein anderer seiner Hausmusiker, hatte einmal gesagt: »It must be wonderful to be God.« Gerade ER sollte das doch nicht dauernd vergessen.

Musik, dachte Gott, Musik wäre jetzt genau das Richtige. Er öffnete das Fenster und rief zum Südflügel hin: »Johann Sebastian, mein Lieber! Können Sie bitte etwas für uns spielen?« Gott und Bach siezten sich immer noch, nach all den Jahren. Es hatte ihrer innigen Freundschaft gutgetan. Nicht lange, da stand Bach auch schon in der Tür. Ein freundliches Lächeln beleuchtete sein Gesicht. Er verneigte sich. »Aber mit dem allergrößten Vergnügen«, sagte er. »Es gibt für mich nichts Schöneres, als für Sie zu musizieren. Danke.« Er setzte sich auf den Klavierhocker, konzentrierte sich kurz und begann zu spielen.

Gott schloss die Augen und nahm seine Frau in den Arm. Sie saßen auf dem Sofa und versanken in Bachs Musik, die sie erfrischte. Und dann wurde es noch ein richtig fideler Heiligabend im Himmel, mit Bockwurst und Kartoffelsalat und einem leichten Weißwein.

Ofenschlupfer nach
Tante Agathe

Sie war die Haushälterin meines Opas, stammte von einem Bauernhof aus Zipplingen, das im Nördlinger Ries liegt. Eine alte, fette Bauerngegend, von wo wir ja auch unsere Gänse bezogen. Von dort kommen gestandene Leute wie Agathe, die Säule unseres Clans. Sie trat mit sechzehn Jahren in die Dienste meines Opas, eines Altphilologen und Privatgelehrten. Sie schied nach sechzig Jahren aus, als der Opa gestorben war, und übernahm dann noch einige Jahre einen Pfarrhaushalt in Abtgmünd im Schwäbischen. Was ich heute bin, das verdanke ich zu einem großen Teil ihr. Sie konnte wirklich kochen, imkern, Fensterläden streichen, Autos reparieren, den oft unerträglichen Opa in die Schranken weisen und mir einen neuen Pfeil&Bogen fertig machen, wenn ich den alten mal wieder zerbrochen hatte.

Ihr Essen war phänomenal, vieles kam aus dem Garten. Für die Winterzeit war jede Menge Obst eingeweckt, Karotten und sonstiges Wurzelgemüse im Keller in Sand vergraben, die Regale lagen voll mit Äpfeln. In ihrem Haushalt merkte man sofort, auch ohne indische Urschreitherapie, Encounter oder Selbstfindungsbooklets, welches die wichtigen Dinge im Leben sind.

Wenn ich mittags von der Grundschule kam, erschnüffelte ich, wie es aus der Küche meiner Rock'n'Roll-Mutti roch. Von wegen Essen wie bei Muttern, vergiss es. Oft lag der Geruch von Libbys Dosenravioli im Hausflur wie eine eingestürzte Betondecke. Da drehte ich stante pede auf dem Hacken um und quälte mich dann doch lieber den steilen Zeppelinweg hoch, um die Töpfe von Agathe in Anspruch zu nehmen. Fleisch gab es selten, und in der Vorweihnachtszeit war jeden zweiten Tag ein süßes Hauptgericht auf dem Tisch. Milchsuppe mit Nudeln, eingerührtem Honig und etwas Zimt drauf, Pfitzauf, eine kross gebackene Teigkugel, gab es fast jede Woche, und immer wieder den unsterblichen Ofenschlupfer.

Ofenschlupfer
Zutaten für vier Personen

3 EL	Haselnüsse
200 g	Zucker
2–3	Äpfel
7	Eier
4	Eigelb
1 l	Milch
2 TL	Zimt
2	Vanilleschoten
350 g	Hefezopf
2 EL	Butter
	etwas Puderzucker

Zubereitung: Haselnüsse grob hacken und mit 20 g Zucker in einer Pfanne karamellisieren lassen. Aus der Pfanne nehmen, auf einem Backbrett auskühlen lassen und nochmals hacken.

Die Äpfel schälen, entkernen und in Spalten schneiden. In Zuckerwasser dünsten. Eier und Eigelb mit der Milch verrühren, Zimt, die ausgekratzten Vanilleschoten und 100 g Zucker untermischen. Hefezopf in dünne Scheiben schneiden und fächerförmig mit den Äpfeln in eine gebutterte Auflaufform schichten. Das Ganze mit dem Ei-Milch-Mix übergießen.

Alles kommt nun in den auf 200 Grad vorgeheizten Ofen, und nach 45 Minuten ist alles fertig. Verlockend sieht der Ofenschlupfer aus, wenn man durch ein Sieb etwas Puderzucker auf ihn rieseln lässt. Eine Warnung noch, trotz aller Werktreue: Wenn der Ofenschlupfer verfrüht braun werden sollte, wird er mit Aluminiumfolie abgedeckt. Sollte er gar so schwarz sein, dass man ihn im Ofen kaum mehr findet, dann nicht weiterbacken, um die korrekte Garzeit des Rezepts einzuhalten. Nein, den Schlupfer herausnehmen und wegwerfen!

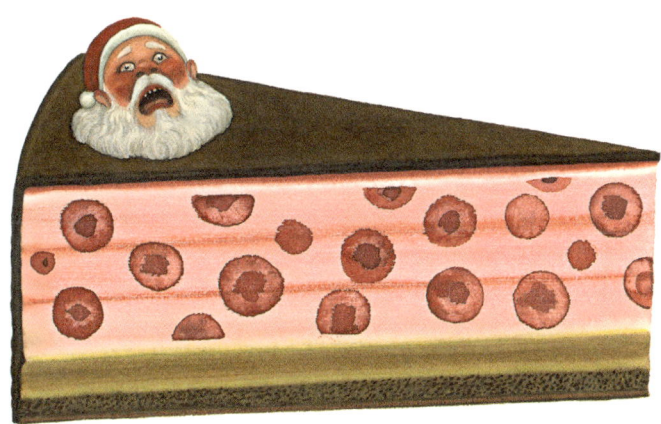

Heiligabend,
Stichtag der Angst

Zwei Spätheimkehrerinnen
am Nebentisch berichten

»Also MUTTER ist ja ein ganz saudummes Wort. Ich meine, allein schon
so als Wort.« Die Frau am Nebentisch sagte das sehr entschieden, ihre
Zuhörerin nickte heftig, und ich wurde wach. »Wie das schon klingt –
MUTTA!«, fuhr die Sprecherin fort. »Wie Mutant und Mutterboden. Ich
denke immer an ›Psycho‹ von Hitchcock, wie Anthony Perkins mit
dumpfer Stimme sagt: ›Hallo, Mutter. Ich bin es, Mutter.‹ Und jetzt muss
ich da wieder hinfahrn.«

Die Sprecherin hatte Leben in der Stimme, ein bisschen Rage und
einen Anflug von Müdigkeit. Normalerweise schätze ich es nicht, im Café
mit den Gesprächen fremder Menschen behelligt zu werden, aber dies-

mal war es mir ganz recht. Ich hatte Kaffee getrunken und Zeitung gelesen: Ein paar Lobbyisten erklärten Rudi Dutschke salbungsvoll zu ihrem ganz persönlichen Jesus und gefielen sich darin, eine Straße nach ihm benennen zu wollen. Befeuert von aktionistischer Seligkeit trompeteten sie die flachsinnige Idee in die Welt und machten eine ganze Zeitung damit voll. Ob es an Weihnachten lag? Kitsch hat ja immer Konjunktur, aber wenn Heiligabend und das Christkind vor der Tür stehen, kommt der Terror in besonders dicken Happen. Ich hatte einmal die Archivaufnahme einer Dutschke-Rede gehört und wusste seitdem, was Brei auf Stelzen ist.

Den beiden Frauen am Nebentisch war der Studentenführer egal, sie drängte Persönlicheres. »Ich kann's auch nicht ab!«, stöhnte die zweite Frau auf. Bisher hatte sie nur zugehört und mit weiblicher Ermunterungsmimik den Redefluss ihrer Freundin am Leben erhalten. Nun aber sturzbachte es auch aus ihr heraus. »Wenn mein Bruder ›Mutti‹ sagt, muss ich brechen. Wie der das ausspricht – mit weichem d! ›Naaa, Muddi‹, sagt der dann. Gah! Ein erwachsener Mann von über vierzig ein ›Mutti‹-Sager! Und dann ist auch noch Weihnachten und man kann nicht mal abhauen.«

Verstohlen betrachtete ich die beiden Frauen. Sie waren selbst unzweifelhaft erwachsen, ich schätzte sie auf Anfang bis Mitte dreißig. Beide verfügten sichtlich über Schönheit und Energie, auch Angst war im Spiel. »Noch zwei Kaffee, bitte!«, sagte die kurz zuvor noch von ihrem Mutti-Bruder entsetzensgepeitschte Frau zum Kellner. Der bot mechanisch allerlei italienisch Klingendes an. »Nein, ganz normalen Kaffee«, entgegnete ihm die Frau. »Keinen Schaumscheiß, bitte.«

Ich folgte ihrem Beispiel, bestellte und bekam Kaffee und tat, als läse ich weiter Zeitung – die beiden Frauen sollten sich ganz unbeobachtet fühlen und schön weitersprechen. Weil sie aber gerade Kaffee schlürften und Sprechpause hatten, heftete ich meine Augen wie hochkonzentriert ins Blatt – das mir nun damit kam, die Zeitung an sich sei etwas unglaublich Dolles, Rares und Erhaltungswürdiges und per se ein Ort der Kultur und des Geistes und überhaupt. Nicht schlecht, dachte ich. Die Zeitung thematisiert sich selbst, haut sich kräftig auf die eigene Schulter und verkauft das als Nachricht, während andere ihre Reklameartikel ja verschenken müssen. Ich überlegte, bei welchen Freunden des Überflüssigen der Trick wohl zöge; mein eigener Bedarf an Zeitung war drastisch geschrumpft, seitdem ich keine Ofenheizung mehr hatte.

Endlich rissen mich die Frauen am Nebentisch in die Wirklichkeit zurück; verglichen mit Zeitunglesen ist noch das kleinste Fitzelchen Leben sensationell. Die Frau, die so lustig tönern »Hallo Mutter« sagen konnte, hatte ihre Sprache wiedergefunden. »Die letzten Tage vor Weihnachten sind der reine Exodus«, hob sie an. »Du musst mal am Bahnhof kucken, was da alles nach Hause fährt. Und wie die aussehen – wie eine besiegte Armee. Hundeaugen, hängende Schultern, gebeugt, gebückt, zerdrückt: Das ist die Weihnachtsfreude.«

Sie lachte, hell und grimmig. »Und ich mache das auch! Weihnachten zu Hause! Drei Tage Gesichter wie eingeschlafene Füße – all diese leeren, sexfreien Gestalten. Wenn man sich wenigstens auf Vorrat mit Geschlechtsverkehr vollhauen könnte! Und ausgerechnet jetzt« – ihre Stimme nahm Wut an – »habe ich Schluss mit meinem Freund! Weißt du ja, seit drei Wochen. Ganz schlechtes Timing.«

Ihre Freundin kicherte. »Wem sagst du das?«, fragte sie. »Bei mir ist doch auch seit vierzehn Tagen Finito. Aus bloßem Ordnungssinn. Ich wollte das einfach noch im alten Jahr erledigt haben. Und jetzt müssen wir beide in diesen Film: Weihnachten ungefickt zu Mutter!«

Die beiden prusteten los und freuten sich so sehr, dass sie Champagner bestellten. Sie tranken und wiederholten, der Drohung ungeachtet, immer munterer und begeisterter: »Wir müssen mit der Eisenbahn / ungefickt zu Mutter fahrn!« Da lachte nun auch ich mit – woraufhin die beiden schlagartig verstummten, und dann wurden wir alle drei rot, so rot wie eine Weihnachtsmannmütze.

Weihnachten rot-weiß

Auf dem Weihnachtsmarkt

Der Vorschlag, man solle ausgerechnet zu Weihnachten schlagartig besinnlich werden, ist so originell wie der rituelle Berliner Revolutionsaufruf zum 1. Mai. Solche Zwangstermine sind lästig, man geht ihnen besser aus dem Weg. Das ganze Land ab dem Spätherbst in eine Weihnachtsmarkthölle aus Fettlettenmief und Remmidemmi zu wandeln, ist allerdings auch nicht schön. Mit Adorno gesprochen: Es gibt kein richtiges Weihnachten im falschen.

Spätestens im Dezember muss man durch den Weihnachtsmarkt hindurch; es geht nicht anders, der Weihnachtsmarkt ist überall. Den Zumutungen des Lebens kann man nicht nur mit Zorn und Erbitterung begegnen, sondern zum Glück auch mit sportlicher Neugier: Was haben sie sich diesmal ausgedacht, um dich einer berechtigten Verzweiflung in die Arme zu treiben? Egal aber, was es sei – es soll ihnen nicht gelingen. In dieser aufgeräumten Stimmung nahm ich die Aufgabe an.

Sie fiel nicht leicht aus. Weihnachtsmarkt ist ein Mächtigkeitsspringen unter den Prüfungen, die das Leben bereithält. Ich sah einen Mann, der sich eine Art Pizza-Schlips auf die Jacke erbrach. Auch das sofortige Abwenden brachte keinen Trost: 180 Grad südlich des Göblers hängte sich ein stark angegangener Herr ein Lebkuchenherz um den Hals. Die Aufschrift lautete: »Mutti's Bester«; er musste es ja wissen, samt Apostroph. Stieren Blickes strunkelte er einer Bretterbude entgegen; erstaunlicherweise hatte er noch etwas vor. Was das sein könnte, interessierte mich dann doch. Der beherzte Mann stellte sich an den Tresen und bestellte lauthals:»Eine Brat-

Zum Weihnachtsmarkt

wurst. Und einmal Pommes Weihnachten!« Die Frau an der Friteuse sah ihn an, gleichermaßen fragend wie leer. Der Kerl erklärte sich: »Pommes rot-weiß natürlich! Wie so'n oller Weihnachtsmann!« Er lachte; seinem Brustkasten entrangen sich schmaddrige Geräusche.

Meine Neugierde hatte fürs Erste genug; ich hatte alles Nötige gesehen, gerochen und gehört. Aber so leicht ist das Entkommen nicht. Ich steckte im Pulk fest und musste ausharren. Da konnte ich mir die Sache ja auch gleich zu Ende ansehen. Hemmungslos bebratwursteten sich die Menschen und glühweinten einander die Mantelkrägen nass. Schlafsackartig daunenbejackt taumelte die Weihnachtsmarktbesucherschaft umher und zeigte der Welt: Es gibt die Gummizelle auch zum Anziehen.

Damit sie sich keinen Mösenhusten zuzögen, trugen manche Damen untenrum sogenannte Leggins. Strumpfhosen – besser: Pfrumpfhowen –

sind schon schlimm, aber das waren Strumpfhosen ohne Füße! Dagegen war alles andere harmlos. Ist es möglich, hienieden auf Erden / beim Anblick von Leggins glücklich zu werden?, dachte ich, verneinte und resignierte. Dass es Frauen gibt, die so etwas freiwillig anziehen, kann einen Mann in Grund und Boden deprimieren. Die Frage, wieso Frauen Leggins tragen, obwohl es doch so viele schöne Strümpfe und soviel entzükkende, natürliche Nacktheit gibt, ist die eine Frage zuviel. Ein Mann kann, wenn er nicht gleichgültig oder nicht gut gewappnet ist, an ihr zerschellen – wenn er nicht zuvor schon an der Frage zerbrach, warum Frauen Bequem-BHs anziehen. Bequem-BHs sind so etwas wie Jogginghosen für Brüste, und sie sind ein Grund, warum Männer sich aufhängen. Manchmal erhängen sie sich sogar direkt an dieser Hauptursache männlicher Lebensüberdrüssigkeit.

Ich enteilte dem Schauplatz, nur einen Reim zwischen den Ohren: Was des Menschen Sinne plagt, / heißt in Deutschland Weihnachtsmarkt. Doch so schnell war ich die Sache nicht los. Der Mann an der Bude hatte offenbar sein Essen bekommen und stellte, den gesamten Weihnachtsmarkt damit beschallend, eine existentielle Frage: »Ist das noch ich, oder bin ich schon Bratwurst?«

Wie ich am Ende entrann, weiß ich nicht mehr. Aber die letzte Frage habe ich nie vergessen und lege sie mir gelegentlich immer noch selber vor: »Ist das noch ich, oder bin ich schon Bratwurst?« Oder wäre es umgekehrt richtig? Also: »Bin ich noch Bratwurst, oder ist das schon ich?«

Eine gültige Antwort habe ich bis heute nicht gefunden.

Maultaschen

Weihnachtsessen, das kann viel bedeuten. Schlemmereien mit Überlänge finden mehrheitlich am ersten Weihnachtsfeiertag statt. An Heiligabend ist letztlich keine Zeit für Exzesse. Bei mir zu Hause briet der Vater Nürnberger Würstchen und dazu gab es Kartoffelsalat. Bei den Nachbarn werden nur belegte Schnittchen gereicht, aber das sind auch eingewanderte Leute aus dem Norden. Bei schwäbischen Aborigines sind häufig Maultaschen angesagt.

Der Schwabe beharrt darauf, dass es sich hierbei um eine astreine Eigenerfindung handelt. Das trifft aber ganz bestimmt nicht zu. Das Wort Maultasche hat sich erst später durchgesetzt. Vorher sprach man in alten Kochbüchern von gefüllten Nudeln, für die eine Vielzahl erlaubter Füllungen notiert war. Einer anderen Legende nach soll ein unbekannter Bruder Küchenmeister des Klosters Maulbronn die schwäbischen Maultaschen erfunden haben. In Maulbronn trug sich Folgendes zu: Die Mönche erhielten im Dreißigjährigen Krieg überraschend ein großes Stück Fleisch, unglücklicherweise war gerade Fastenzeit. So zerhackten sie das Geschenk und mischten es mit Kräutern und Spinat, um dem Ganzen eine vegetarische Patina zu geben. Dann tarnten sie alles, indem sie es in kleinen Portionen mit Nudelteig umhüllten. Der Betrug, dem der Herrgott mit Augenzwinkern zugesehen haben soll, gelangte gerüchteweise unters Volk, und so bekam das schwäbische Spitzenerzeugnis seinen Namen. Maulbronner Teigtaschen, Maultaschen, oder auch Herrgottsbscheißer.

Man könnte die schwäbische Befindlichkeit durchaus an der Maultasche messen. Wie mancher dicke Mercedes am Kofferraum kein Typenschild aufweist, so kann in der Maultasche am ganz gemeinen Werktag relativ viel »Floisch« versteckt werden. Das lieben die Schwaben: versteckspielen, und trotzdem sollte durch den dünnen Teig zart durchscheinen, dass man nicht am Hungertuch nagt.

Weihnachtliche Maultaschen
Zutaten für 2 Personen

Nudelteig

250 g	Hartweizendunst (grobes Hartweizenmehl, Semola)
	Mit normalem Haushaltsmehl lässt sich der Teig auch bereiten, die gelbe Farbe sogenannter Eiernudeln kommt allerdings mehr vom Hartweizenmehl als von den Eiern. Mit normalem Mehl sind die Maultaschen etwas bleich.
3	Eier (oder 1 Ei und 3 Eigelb)
½ EL	kaltgepresstes Olivenöl
1 Prise	Salz

Füllung

200 g	Spinat, blanchiert und dann feingehackt
100 g	Hackfleisch, am besten nicht zu mageres Schweinefleisch wie Hals oder magerer Bauch
20 g	Speck
1	Brötchen, in Scheiben geschnitten und in etwas warmer Milch eingeweicht
1	Ei
	feingehackter Lauch, Zwiebel und Petersilie
	Salz, Pfeffer, Muskat

Was es mit der Maultasche historisch wirklich auf sich hat, lässt sich von einem Kulturhistoriker, wenn auch nicht exakt, so doch mühelos nachvollziehen. Die schwäbische Küche hat unzählige Anleihen aus südlichen Ländern, weil Schwaben immer Durchgangs- und Besatzungsland war. Die Heimat der Maultasche ist also Italien, und dorthin kam sie über Arabien aus dem fernen China. Marco Polos Ruf als erster Nudelimporteur ist übrigens umstritten. Vom Hohenstaufenkaiser Friedrich II. ist überliefert, dass er die Nudeln aus Arabien schätzte, und er starb noch vor der Geburt des italienischen Handelsreisenden.

Nun also weihnachtliche Maultaschen: Mehl auf ein Nudelbrett häufen und in der Mitte ein Loch freischieben. Die Eier aufschlagen, das Olivenöl dazu geben und alles zu einem glatten Teig kneten.

Der Teig sollte fest sein und darf ruhig an weiche Knetmasse erinnern. So ist es von Vorteil, zuerst etwas weniger Mehl zu nehmen und den Teig weich anzukneten, um anschließend so lange Mehl hinzuzugeben, bis die gewünschte Festigkeit erreicht ist.

Zwiebeln und Lauch in Butter gut anrösten und in eine Schüssel geben. Das Hackfleisch, die ausgedrückten Brötchen und die restlichen Zutaten hinzufügen. Alles muss gut verknetet sein, damit die Farce eine gute Bindung bekommt. Mit Salz, Pfeffer und Muskat würzen. Für vegetarische Maultaschen erhöht man den Zwiebel- und Lauchanteil und gibt etwas dicke Béchamelsauce unter den Spinat.

Nun den ausgerollten Nudelteig auf einem bemehlten Brett ausbreiten und in zehn Zentimeter lange Rechtecke schneiden. In der Mitte einen aprikosengroßen Kloß Farce platzieren, die Ränder mit etwas Ei bepinseln, ein gleich großes Stück Teig obendrauf legen und die Ränder gut andrücken. In leicht kochendem Salzwasser ca. 10 Minuten ziehen lassen und mit geschmälzten Zwiebeln servieren.

Weihnachten
der Kinder wegen

»Jede Familie hat schlimme Erinnerungen.«
Al Pacino in Der Pate, Teil III

Am schlimmsten ist Weihnachten natürlich für die Kinder. Sie hören, wie ihre Eltern zu anderen Erwachsenen sagen: »Uns ist es ja egal, aber wir machen das wegen der Kinder. Wir tun das alles nur für sie. Kinder lieben Weihnachten. Die freuen sich so! Und dann dieser Glanz in den Augen bei der Bescherung …«

Kinder sind verantwortungsbewusste Leute. Sie wissen intuitiv, was man von ihnen erwartet. Sie merken, dass Weihnachten ihretwegen statt-findet und dass sie sich jetzt auch richtig freuen müssen. Diese Bürde wurde ihnen übergeholfen, und diese Bürde tragen sie, eisern. Es hängt jetzt an ihnen, ob Weihnachten ein Erfolg wird oder ob es einen Drei-Tage-Krieg gibt. Jede schlechte Stimmung geht auf ihre Kappe, Jauchzen ist Pflicht. Nie ist der Druck so groß wie zu Weihnachten. Da muss man Be-geisterung demonstrieren, damit die Erwachsenen wissen, dass sie alles richtig gemacht haben. Ihre Kinder müssen ihnen das zeigen, sonst wer-den sie unsicher und sauer. Erwachsene betreuen ist harte Kinderarbeit.

Weihnachten feiern ist seltsam. Die wenigsten wollen es, aber die meis-ten tun es. Nicht ihretwegen, selbstverständlich. Sondern ganz altruistisch wegen der anderen. Dafür hetzen sie sich ab, dafür verlieren sie die Reste guter Laune, dafür überziehen sie alle um sich herum mit nervösem Ter-rorismus: Damit die eine Freude haben. Und wehe nicht.

Das wird tradiert; jede Generation, die es erlitt, reicht es durch an die nächste. Wozu hätte man sonst Kinder? Und wenn die dann groß sind, geht das Spielchen andersherum, dann heißt es: Wir selbst würden ja nicht Weihnachten feiern, aber unsere Eltern möchten es doch so gern. Man nennt das Generationenvertrag oder familiäre Sicherheit: Immer ist einer da, auf den man es schieben kann. Wenn es gut läuft, geht es reihum und jeder ist mal dran.

Dazu braucht man Weihnachten:

Es lässt sich unter Weihnachtssternen
bequem die Heuchelei erlernen.

Vincents Mandelplätzchen

Kennen Sie den? In der Volkshochschule irrt ein Lernbegieriger durch alle Stockwerke und will sich zum Backkurs durchkämpfen. Weihnachten steht vor der Tür, und als Frührentner sollte man sich tunlichst um vernünftige Freizeitbeschäftigungen kümmern. Überhaupt dann, wenn die Gattin an einer Glutenallergie leidet. Wieder reißt er eine Tür auf und fragt: »Ist hier Backen ohne Mehl?« »Nö, hier ist Stricken!« Außer Atem öffnet er im obersten Stockwerk die letzte Tür und stöhnt: »Backen ohne Mehl?« Das hätte er sich denken können, denn die ganze Truppe macht in Leggins oder ähnlichen Ganzkörperpräservativen Liegestütze. Unser Back-Eleve glotzt und staunt, bis jemand brüllt: »Nö, wir pimpern hier ohne Frauen!«

Backen war für mich immer eine seltsame Aktivität, etwas für Omis, Weicheier oder für Leute, die gerne alles abwiegen, messen und ihr sonstiges Leben perfekt schubladiert haben und niemals falsch parken.

Warum soll man solche Vorurteile nicht haben, wenn man jung ist. Tempi passati. Mittlerweile bekommen mir die räsen Rheingauer Rieslinge nicht mehr und zum Sockenanziehen hocke ich mich hin. Das morgendliche Aufstehen erinnert an einen Bitterfelder Schaufelbagger, der sich zur Arbeit aufmacht. Mit den Jahren wird man zu einem anderen Menschen, und irgendwann, wenn man nicht mehr von Niedergang sprechen kann, sondern endlich unten ist, wird das Leben erst richtig schön. Kein Bauch wird mehr eingezogen, sondern die Wampe in den Wind gestreckt, die Rasur gar nicht mehr scharf, sondern kraut-und-rübig.

Vincents Mandelplätzchen

	Teig		
250 g	Mehl	1 Msp.	Kardamom
100 g	Butter	2 Msp.	gemahlenes Korianderkorn
60 g	Zucker	120 g	Mandeln, geschält
5	Eigelb		und gemahlen
	Belag	30 g	flüssige Butter
400 g	Himbeerkonfitüre	60 g	Mehl
		1 EL	Milch
5	Eiweiß		**Glasur**
180 g	Zucker	200 g	Puderzucker
1 Msp.	Nelken	2–3 EL	Zitronensaft,
1 Msp.	Piment		frisch gepresst

Um eine hochdeutsche Aussprache bemühe ich mich schon lange nicht mehr. Vincent, der Koch ist und auch so aussieht, der schwäbische Nuschler, holt sich mit seinen Behinderungen damit im Fernsehen fette Quote. Das Publikum ist enthusiasmiert:»Vincent ist einer von uns, genauso fertig wie wir alle, die tagsüber Zeit zum Fernsehgucken haben!« Down to earth, und dann kam die Leidenschaft fürs Backen.

Packen wir's an und rühren den Teig.

Den Teig nur so lange kneten bis er einigermaßen homogen ist, dann aufhören, sonst trennen sich Fett und Mehl. Dieser Teig wird in Frischhaltefolie eingepackt und kalt gestellt. Keinesfalls darf dieses Produkt auf Flughäfen mitgenommen werden. Verwandtenbesuche könnten so zum Desaster auswachsen. Ich hing mal wegen Verdachts auf Plastiksprengstoff stundenlang am Gate fest und wäre ums Haar in Guantanamo verschimmelt. Ja, da gibt es nichts zu lachen. Wer einmal vom Immigration-Office in New York rausgewunken wurde, weiß, wovon ich spreche. Wenn dann aus dem Koffer noch orientalische Gewürze sich mausig machen und die Hunde der Polizei sich zähnefletschend auf Plätzchen werfen, mit pitbulliger Wut das Teigpäckchen zerfetzen, na ja, dann wird es zappenduster. Man kann froh sein, wenn die Handschellen nicht zu eng sind und der Polizeigriff dem Delinquenten nicht die Arme auskugelt.

Weiter geht es mit unserem Gebäck, das man vielleicht nur im regionalen Umfeld verteilen sollte.

Den Teig fünf Millimeter dick auswellen und ein gefettetes Backblech damit auslegen. Wir schieben diese Teigplatte bei hundertachtzig Grad (Umluft) in den vorgewärmten Backofen. In ungefähr zwölf Minuten ist alles (hoffentlich) halbfertig und hellgelb gebacken.

Die Himbeerkonfitüre auf dem halbfertig gebackenen Teig verteilen. Eiweiß zu steifem Schnee schlagen, dabei nach und nach Zucker zugeben. Mandeln, Butter, Mehl und Milch unterheben. Diese Masse auf der Konfitüre verteilen und alles erneut bei 180 Grad ca. 10–12 Minuten fertig backen. Puderzucker mit Zitronensaft zu einer Glasur mischen. Das Blech kurz auskühlen lassen, dann mit der Glasur überziehen.

Es ist geschafft, die ganze Küche duftet zum Wahnsinnigwerden. Wir lassen alles lauwarm abkühlen. Mit einem Ausstecher Kringel oder Halbmonde ausstechen. Schlussendlich noch eine letzte Überlegung: Verwandtenbesuche in die USA und dann noch Halbmonde im Gepäck? Da sag ich nicht mehr Frohe Weihnachten, sondern verdammtes Scheißgebäck!

Das letzte Tabu

»Nichts darf man!«, mault die kleine Gisela und zieht einen Flunsch – und das bloß, weil ich ihr gerade mild untersagt habe, mit dem Abendbrot etwas zu veranstalten, das sie begeistert »Oliven-Stampede im Käse-Corral« nennt und das im Falle der erfolgreichen Ausführung ihres Plans später die Wände herunterlaufen würde. »Quatsch!«, gebe ich zurück. »Im Gegenteil: Alles ist erlaubt in der Blödwelt. Man darf sogar sein sonst eher chipsfrisches Gesicht ins Fußkäshafte verjüngen und, wie beispielsweise Klaus Bednarz, Eugen Drewermann und Jürgen Fliege, mit großem Lamento losbraten, heutzutage habe Weihnachten doch gar nichts mehr mit Jesus zu tun, das sei doch alles nur noch Konsum, schluchzbuhu, und dafür sei der Nazarener aber nicht gestorben, oder war es der Kerpener? Der Leimener? Und mit diesem gesangbuchbraven Allerweltsgenöckel schmeißen sich diese Schlafpillendreher in die Brust – als Ketzer, als Unbequeme, als Schwerverfolgte und Vollrohrbedrohte!«

»Ach so ist das«, unterbricht die kleine Gisela meinen Vulkanausbruch. »Kann ich dann wenigstens ein Stück Schokolade?« – »Klar«, sage ich, und dann singen wir erstmal unsere gemeinsamen Lieblingslieder, die etwas mehr taugen als »Lobet den Herren« oder der *Flipper*-Song. Unser erstes Lied geht so: »Wir haben Hunger, müssen Pipi, uns ist

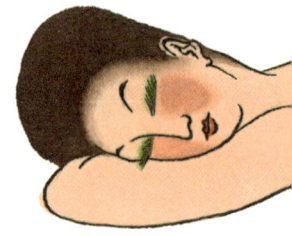

kalt, / Wir wollen Eis zu dreißig, puuh, ist es noch weit…?«, und bei der zweiten Weise harmonieren unsere Stimmen schon ganz passabel: »Vier kleine Keese, die gingen auf die Reise, / Vier kleine Keese, die reisten gar nicht weit / Dann trafen sie uns beide und wurden zur Nachspa-heise / Doch das tut keinem der vier kleinen Keese leid …«

Singen ist schön; gedankenverloren schiebe ich ihr die runde Schachtel mit den köstlichen *Droste-Pastillen* aus Holland hin, die immer zur Hand sind für kleine Jungs und Mädchen in den Pfarrhäusern dieser Welt. »Aber vielleicht hast du doch recht«, lenke ich ein. »Es gibt etwas, das man wirklich nicht darf. Das letzte Tabu sozusagen.«

»Was denn?«, fragt die kleine Gisela und schiebt sich drei weitere Schokoladenplättchen in die Schnute. Während sie die Schokolade lutscht und zutscht, sehe ich sie lange an und frage sie schließlich: »Willst du es wirklich wissen?«

»Hmmh«, gibt sie nickend zurück; ich rücke näher. »Also gut. Ich erzähle es dir. Obwohl du dafür eigentlich noch ein bisschen zu klein bist.«

Wieder nickt sie. Und dann tue ich es und packe aus:

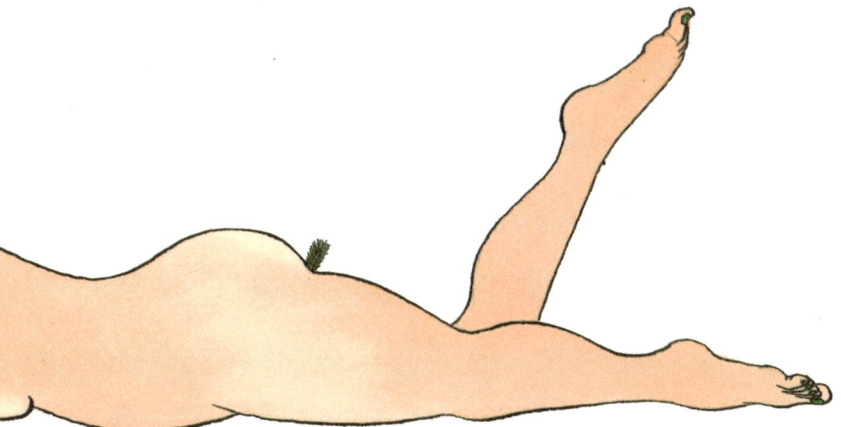

»Hier ist wahrhaftig alles gestattet, jeder Irrsinn, jeder Wahn. Aber eins darfst du tatsächlich nicht: Weihnachten allein verbringen. Heiligabend alleine sein. Oder nur alleine sein *wollen*. Da ist der Mitmensch vor. Dieselben Leute, die das ganze Jahr lang indigniert und angeekelt an dir vorbeigöngen, wenn du auf der Straße umfielest oder stürbest, wittern bei

weihnachtssolitüden Einzelgängern schlagartig Gefahr: hochgradige Isolation, Einsamkeit, suizidale Tendenzen – alles, wovor sie sich fürchten. Hast du schon mal probiert, Heiligabend alleine essen zu gehen?«Ihr diese Frage zu stellen, war selbstverständlich Unsinn, doch sie ging darüber hinweg, und ich erzählte weiter:»Ich habe es einmal versucht, in Hamburg. Entweder war das Restaurant geschlossen, oder es war Geschlossene Gesellschaft. Irgendwann, nach Stunden, fand ich doch ein geöffnetes Lokal, ein thailändisches, die Buddhisten haben es ja auch nicht mit dem Jesuskind, da setzte ich mich still für mich an einen Tisch, ich hatte ein großartiges Buch dabei,»Rote Ernte« von Dashiell Hammett, ich hatte es schon den ganzen Tag gelesen und wollte das nun weiter tun, nur eben zwischendurch etwas Gutes, Warmes essen und etwas trinken. Es ging nicht. Kaum dass ich saß und las, wurde ich vom Nebentisch angesprochen: Ob ich denn ganz allein sei …? Ob ich mich nicht dazu setzen wolle, am Heiligen Abend …? Das Schrecklichste war: Sie meinten es gut. Sie wollten mich, einen Fremden, an ihre Tafel bitten – aber weil es an *diesem* Abend war und sie es an keinem andern Abend getan hätten, weil es Weihnachtsterror war, Heiligabendbeschuss, unter dem sie lagen und den sie an mich weitergaben, sah ich nur Triefaugen, die mich anbrüderten, und fürchtete, dass die Brutalität der Landsleute in ihre noch unangenehmere Kehrseite umschlüge, ins Sentimentale. Und wenn sie da erstmal angekommen sind, dann flennen sie dir das Hemd nass vor lauter Rührung über sich selbst, also darüber, wie gut sie doch sind.«

Über respektive unter meiner Suada war die kleine Gisela längst eingeschlafen. Seufzend trug ich sie ins Bett.

Ohne es zu bemerken, hatte ich Heiligabend in Gesellschaft verbracht. Es hatte mir ganz ausgezeichnet gefallen.

Tarte Tatin

Vorweg, egal welche Stories über dieses Rezept kursieren: Es ist eines der genialsten Rezepte überhaupt. Mit Blätterteig den Boden eines Kuchens auszulegen funktioniert deshalb nicht, weil durch das Gewicht des Kuchenbelags der Teig nicht aufgehen kann. Da bei dieser Tarte die Äpfel unten sind und der Teig oben, wird der Boden sehr luftig und locker, die Teigschichten können aufgehen und gut nach oben steigen. Entstanden ist die Tarte durch Zufall, aus einer verunglückten Apfeltorte.

Man blickt heute auf eine hundertjährige Karriere dieses Rezepts zurück. In Frankreich kann man den dünnen Kuchen mittlerweile in jedem Supermarkt kaufen. Das hat aber nichts mit dem Original zu tun.

Eine echte Tarte Tatin muss frisch und ofenwarm auf den Tisch. Darauf besteht auch die »Confrèrerie Lichonneux«, die »Bruderschaft der Feinschmecker«, die in Lamotte-Beuvron, dem Herkunftsort der Tarte Tatin, deren Ansehen hoch hält.

Der kleine Ort liegt in der Sologne, einem waldreichen Gebiet südlich von Orleans. Das Hotel Tatin gehörte im 19. Jahrhundert einem gewissen Jean Tatin. Nach seinem Tod 1888 wurde es von seinen beiden unverheirateten Töchtern Caroline und Stéphanie weitergeführt. Während Caroline im Restaurant die Gäste betreute, stand Stéphanie in der Küche am Herd. Beide waren schon etwas ältliche Damen, doch ihren Betrieb schmissen sie mit Elan. Viele Jäger frequentierten das Establissement und oft ging es hoch her.

Eines Tages sollen die Nimrode Stéphanie so verwirrt haben, dass sie ihr Dessert vergaß. In der Eile legte sie die gezuckerten Äpfel ohne Teig in die Form und schob sie in den Ofen. Als Stéphanie ihr Malheur bemerkte, war es zu spät – die Äpfel waren karamellisiert. Um das Dessert zu retten, breitete sie den Teig über den Äpfeln aus, wollte in ihrer Not eine Art »gedeckten Apfelkuchen« kreieren. Sie schob die Form noch einmal in den Ofen. Als sie das Backblech wieder aus dem Ofen holte, hatte sie eine geniale Idee. Alles sollte aussehen wie ein normaler Apfelkuchen. Sie kippte den Inhalt auf eine Platte, so dass der Teig wieder unten und die Äpfel oben waren. Mit vielen Entschuldigungen präsentierte sie ihre Apfeltorte. Doch die Gäste waren von dem aromatisch duftenden Missgeschick begeistert. Die »Tarte des Demoiselles Tatin« trat ihren Siegeszug an.

Mit der Entstehungsgeschichte ist auch fast schon fast das Rezept beschrieben.

Tarte Tatin
Zutaten für vier Personen

500 g	Apfelspalten in dünnen Scheiben
	(ich schäle die Äpfel nicht)
	Butter
4 EL	Zucker
	Eine Platte Blätterteig in runder Form

Entweder man nimmt eine Tarteform oder, so wie ich, eine Eisenpfanne. Etwas Butter mit dem ganzen Zucker in der Pfanne schmelzen, bis sie die Farbe und Konsistenz von Honig annimmt, also karamellisiert ist. Die Pfanne vom Herd nehmen und die fein geschnittenen Apfelspalten (1 Millimeter) dachziegelartig auffächern.

Mit Blätterteig abdecken. Bei 180° Unterhitze ungefähr 30 Minuten backen.

Wenn es beim ersten Mal klappt, dann hat man Glück gehabt. Aber egal wie, ob nun die Äpfel richtig karamellisiert sind oder nicht, ob man den Kuchen überhaupt hat stürzen können, ob alles in der Form kleben blieb: Es schmeckt immer vorzüglich. Ideal wäre natürlich, der Blätterteig käme nicht von der Industrie, sondern würde selbst gemacht:

Blätterteig

Zwei Dinge sind bei diesem Teig, der so in der französischen Spitzenpatisserie verwendet wird, bemerkenswert. Der Essig zerstört teilweise den Kleberanteil des Teigs. So ist das Gebäck sehr zart und man muss nicht die Gabel verbiegen, um ein Stückchen abzutrennen.

Das andere Problem des Blätterteigs ist die Butter, die schon bei Zimmertemperatur zu weich ist. Würde man in den Grundteig reine Butter packen, so wäre sie frisch aus dem Kühlschrank entweder zu hart oder später dann zu weich. Früher wurde ich bei dieser Arbeit regelmäßig verrückt.

Mit Butter gemachter Teig ist daher nahezu ausgestorben, Konditoren verwenden Ziehbutter. Der Begriff ist betrügerisch, manche sind so ehrlich und reden von Ziehmargarine. Ziehmargarine wird in Deutschland aus zweierlei Gründen verwendet: Sie ist sehr billig und bei Zimmertemperatur gut zu verarbeiten. Auf gut Deutsch ist das eine Industrie-Fettschmiere der übelsten Art. Da wundert es nicht, dass Blätterteigstückchen so unbekömmlich und meist zäh sind. Ein Stück alte Kochkultur ging damit den Orkus hinunter.

Wesentlich leichter zu verarbeiten als Butter ist diese Einziehbutter, bei der Mehl beigemengt wird. Beides zu einem glatten Teig kneten und zu einem flachen Block ausrollen.

Einziehbutter

400 g	Butter
150 g	Mehl Type 550

Grundteig

160 g	Wasser
10 g	Salz
15 g	Reisessig (ist farblos, oder anderen möglichst hellen Essig)
200 g	Butter
125 g	Mehl Type 550
125 g	Mehl Type 1050

Für den Grundteig Wasser, Salz, Reisessig und Butter zusammen aufkochen, etwas abkühlen lassen und wieder mixen. Die abgekühlte Wasser-Buttermasse mit beiden Mehlsorten zu einem Teig verkneten.

Den Teig zu einem Rechteck auswalzen und mit der separat ausgewellten Einziehbutter zur Hälfte bedecken, so dass links und rechts Teig übersteht. Diese Teigflügel werden einmal über der Einziehbutter zusammengeschlagen. Auswellen, anschließend immer das ausgestreute

Mehl abstauben, damit die Schichten nicht aneinanderkleben. 30 Minuten in Klarsichtfolie ruhen lassen. Während der Ruhezeiten muss der Teig sehr kühl gelagert werden, am besten im Kühlschrank.

Nun folgen abwechselnd Einfache Tour und Doppelte Tour. Bei der Einfachen Tour wird der Teig übergeschlagen wie eben. Merke: Einer der Flügel sollte länger sein als der andere, so dass sie seitlich versetzt aneinanderstoßen. Bei der Doppelten Tour bedeckt jeder Flügel den Boden ganz, so dass der Teig dreifach liegt.

Den Teig jedes Mal vom Körper weg ausrollen. Dann um 90 Grad drehen und wieder ausrollen.

Hat man eine einfache Tour, diese in Folie packen und 30 Min. im Kühlschrank lagern, dann geht es weiter: auswellen auf ca. 70 cm. Jedenfalls nur so weit, dass die Teigbahn nie weniger als einen Zentimeter dick ist. Nochmal: zwischen den Touren um 90 Grad drehen. Die Reihenfolge ist: Einfach/Doppelt/Einfach/Doppelt/Einfach.

So, das alles ist nicht schwer. Wir bereiten diesen Teig momentan täglich. Klar, Übung macht den Meister. Am Besten, man beginnt mit der halben Menge. Die angegebenen Zutaten reichen für mindestens sechs Kuchen. Der Teig lässt sich aber in dünnen Platten problem- und verlustlos einfrieren.

Neulich in Lappland

Glaubst du an den Weihnachtsmann?
Ich habe ihn gesehen.
Er nahm das Ren von hinten ran
Und konnte kaum noch stehen.

Wozu Bethlehem?

Seehund zu Weihnachten

Nein, nein, nein – das ist kein Rezept. Seehunde esse ich nicht. Seehunde sind freundliche, distanzierte Wesen, die soll man schön in Ruhe lassen. Im Sommer lernte ich sie auf der Düne von Helgoland etwas näher kennen und ging sogar mit ihnen schwimmen. Es war himmlisch.

Auf Lebewesen zu treffen, die man nicht kaufen kann, hat Folgen; man zieht sie den käuflichen vor. Kurz haderte ich mit dem Schicksal: Warum wird als Mensch geboren, was auch Seehund sein könnte? Auf diese Frage gibt es nur die unbefriedigende Antwort: weil das so ist. Den Schmerz darüber sparte ich mir für später auf und freute mich, meine Zeit in freier Gesellschaft zu verbringen, als temporärer Gastseehund.

Im Winter kehrte ich sehnsüchtig zurück. Zu Weihnachten ist auf Helgoland an Schwimmen nicht zu denken, das Hochseeklima ist auch für alte Rettungsschwimmer wie mich dann etwas rauh. Aber man kann sich, wenn man sich in Mantel, Pullover, Schal und Mütze oder Kapuze hüllt, von Wind und Wetter schön bepusten, anfassen und bewullacken lassen. Oben auf den Klippen muss man etwas vorsichtig sein, sonst wird man weggeweht wie die dort heimischen Basstölpel und Trottellummen. Das sind Vögel, obwohl ich auch sympathische Menschen kenne, denen diese Namen gut zu Gesicht stünden. Die können aber leider nicht fliegen.

Wenn die Witterung es zulässt, fährt auch im Winter ein Boot von der Helgoländer Hauptinsel zur Düne, wo die Robben und Seehunde von

Dezember bis Januar ihre Jungen zur Welt bringen. Es stürmt, der Regen peitscht, es ist eiskalt, ein Dach und wärmenden Helgoländer Eiergrog am Ofen gibt es nur für Menschen. Die kleinen, frisch geborenen Wollfellwürste kommen auch so klar. Sie sind an eine windige Welt angepasst, und sie bekommen von den Alten, was sie brauchen. An der Schönheit im Auge ihrer Betrachter liegt ihnen nichts. Sie lümmeln herum und gedeihen. Man soll ihnen nicht zu nahe treten. Die Schöpfung gebietet Staunen und Zurückhaltung; man muss ihr nicht ehrfürchtig, aber mit respektvollem Interesse begegnen. Paparazzenfutter ist sie nicht. Wer gaffen statt begreifen will, hat in ihr nichts zu suchen.

Sondern wird im Paralleluniversum von Christkind, Maria und Joseph, Ochs und Esel, den Hirten, der Krippe im Stall, den Heiligen Drei Königen und all dem anderen gebenedeiten, abgelatschten Weihnachtskitschdekor doch wunderbar bedient und kann entsprechend frohgemut ölig deklamieren: »Jesus – da weiß man, was man hat!« Das ist eine feine Sache, vor allem, wenn man gar nichts weiß oder wissen will.

Knuffiger als Jesus zu sein ist keine Kunst, fast jeder kann das. Ein zufällig am Weihnachtsabend neugeborener Seehund ist von ganz anderer Wucht. Er tritt überhaupt nicht in Christuskonkurrenz und wüsste auch gar nicht, wozu. *Er ist*, und basta. So souverän geht das, wenn man kann. Beten, Herumheucheln und der andere Christenkram interessieren den Seehund einfach nicht. Vielmehr lebt und schwimmt er nach Belieben, geht seinen Betrachtern zu Herzen und erinnert sie an das Wesentliche: Man kann aus dem Leben alles machen, nur keine Religion.

Showdown am ersten Feiertag

Am Morgen des ersten Weihnachtsfeiertags klebte der Weihnachtsmann an der Fassade einer Doppelhaushälfte. Es war eisig kalt, mühsam kroch er die senkrechte Wand hoch. Er ächzte unter der Anstrengung, zog sich an einem Fenstersims hoch und klopfte an eine Fensterscheibe.

Ein Mann im Bademantel öffnete das Fenster. Als er den Weihnachtsmann sah, verfinsterte sich seine Miene. »Was willst DU hier?«, fragte er grimmig.

»Es ist Weihnachten!«, entgegnete der Weihnachtsmann pikiert. »Die Leute freuen sich, wenn sie mich sehen. Die Kinder jubeln, und die Erwachsenen sind freundlich und reichen mir eine Tasse heißen Tee.« Er sah seinem Gegenüber herausfordernd in die Augen. »Manche bieten mir auch einen Schnaps an, zum Aufwärmen.«

»Ach ja? So was machen die?« Die Stimme des Mannes im Fenster bekam einen höhnischen Unterton. »Und warum sollten sie das tun?« Die Frage war rein rhetorisch, er fuhr direkt fort: »Kuck dich doch mal an, du Karikatur. Du siehst aus wie ein Hausmeister, nur dass du keinen blauen, sondern einen roten Kittel trägst. Geschenke hast du auch keine dabei, bloß einen Sack voll leerer Verpackungen. Du bist kein Weihnachtsmann, du bist ein Geiz-ist-geil-Kragen! Ein Simulant! Die Sparversion vom Studentenwerk!«

Der Weihnachtsmann protestierte. »Was soll ich denn machen? Mir hat mein Chef doch auch das Weihnachtsgeld gestrichen. Die Weihnachtsfeier wird schon seit Jahren eingespart, die Firma ist privatisiert, ich bin jetzt Subunternehmer und muss alles aus eigener Tasche vorschießen …« Aber es hörte ihm schon niemand mehr zu. Das Fenster hatte sich geschlossen. Da war wohl nichts mehr zu machen.

Wie sollte es jetzt weitergehen? Er beschloss, den Rückzug anzutreten, doch er kam nicht von der Stelle. In der Kälte war er an der Hauswand festgefroren. »Hey!«, rief er gegen die geschlossene Fensterscheibe. »Aufmachen! Bitte aufmachen! Ich erfriere hier draußen.« Nichts rührte sich. Der Weihnachtsmann verlegte sich aufs Betteln, ohne Ergebnis. Dann drohte er: »Ihr könnt mich hier doch nicht einfach umkommen lassen. Ich bin der Weihnachtsmann! Ich habe Verbindungen! Nach ganz oben! Das wird Folgen haben! Konsequenzen! Das wird euch noch leid tun …«

Dichtes Schneetreiben verschluckte seine Worte. Es war das Ende, und es war ein schmähliches. Wie peinlich, dachte der Weihnachtsmann noch: eine Doppelhaushälfte als Stalingrad. Dann dachte er nichts mehr. Vom nahe gelegenen Kirchturm läuteten die Glocken.

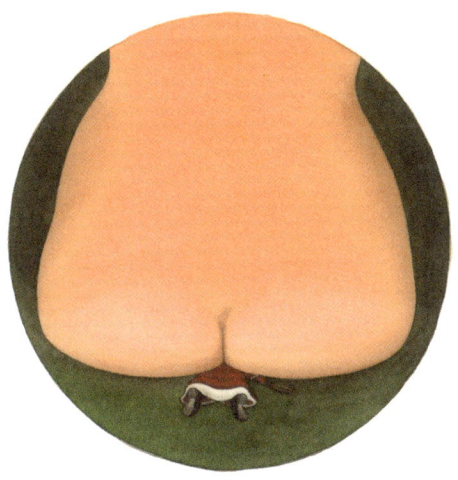

NEU! ROTE TONNE! FÜR WEIHNACHTSMÄNNER

Wiglaf Droste

lebt unterwegs oder in Leipzig. 2003 wurde ihm für seine »Verbindung aus grobem Ton und feinem Stil« der Ben-Witter-Preis verliehen, 2005 der Annette-von-Droste-Hülshoff-Preis. Seit 1999 gibt er zusammen mit Vincent Klink die kulinarische Kampfschrift ›Häuptling Eigener Herd‹ heraus.

Nikolaus Heidelbach

lebt in Köln. Seine Bilderbücher und Illustrationen wurden vielfach ausgezeichnet u. a. mit dem Sonderpreis des Deutschen Jugendliteraturpreises 2000 und dem Großen Preis der Deutschen Akademie für Kinder- und Jugendliteratur 2007. Seine Ausgabe der Märchen der Brüder Grimm von 1995 wurde ebenso gefeiert wie die 2004 erschienene Ausgabe der Märchen von Hans Christian Andersen.

Vincent Klink

kocht in seinem mit einem Michelin-Stern geehrten Restaurant Wielandshöhe in Stuttgart-Degerloch und lässt sich im Fernsehen (›ARD-Buffet‹, ›Vincent Klinks Kochkunst‹) in die Töpfe schauen. Er gab u. a. das kulinarische Jahrbuch ›Rübe‹ bei Haffmans und Klett-Cotta's ›Kulinarischen Almanach‹ heraus.

Was Kinder besser nicht wissen sollten:
Im Sommer liegen Weihnachtsmann und
Osterhase gerne »Löffelchen«.

P.S. Wann ist ein Mann ein Weihnachtsmann?

Kurzer Abriss der Kulturgeschichte

Der Weihnachtsmann, der die Frauen liebte
Das Kind im Weihnachtsmann
Der bewegte Weihnachtsmann
Neue Weihnachtsmänner braucht das Land
Kein Weihnachtsmann für eine Nacht
Weihnachtsmänner. Eine Spezies wird besichtigt
Ich bin so wild nach deinem Weihnachtsmann
Ein Weihnachtsmann für gewisse Stunden
Der Weihnachtsmann ohne Eigenschaften
Weihnachtsmänner? – Lohnt sich nicht, My Darling

Weihnachtsmänner ohne Frauen
Wer den Weihnachtsmann stört (To Kill a Weihnachtsmann)
Der dritte Weihnachtsmann
Ein Weihnachtsmann, ein Wort
Der Weihnachtsmann mit dem goldenen Arm
Der alte Weihnachtsmann und das Meer
Drei Weihnachtsmann in einem Boot
Hundert Weihnachtsmann und ein Befehl
Kleiner Weihnachtsmann, was nun?
Weihnachtsmann, geh du voran

Born to be Weihnachtsmann
Stupid White Weihnachtsmen
Tod eines Weihnachtsmannkritikers (Der Weihnachtsmann vom Bodensee)
Kann man nach Weihnachtsmann noch Gedichte schreiben?
Weihnachtsmänner in Nadelstreifen

Der Weihnachtsmann mit dem Goldhelm
Weihnachtsmann o Meter!
Weihnachtsmänner unter sich
Beim Häuten des Weihnachtsmanns

Ein Weihnachtsmann sieht rot
Weihnachtsmann über Bord
Beim nächsten Weihnachtsmann wird alles anders
Der Weihnachtsmann, der zuviel wusste
Weihnachtsmann und die Brandstifter
Weihnachtsmann und Maus
Die Reise ans Ende der Weihnacht
Die Weihnacht aus Blei
Das bucklichte Weihnachtsmännlein
Ein Weihnachtszimmer für sich allein
Der Teufel ist eine Weihnachtsfrau
Erbarmen mit den Weihnachtsfrauen
Kein Weihnachtsmann. Nirgends

Der Weihnachtsmann, den sie Pferd nannten
Weihnachtsmänner auf verlorenem Posten
Der Weihnachtsmann von La Weihnachtsmanncha
Weihnachtsmann ohne Wiederkehr
Der Weihnachtsmann aus Laramie
Weihnachtsmänner pflastern seinen Weg
Die Weihnacht der lebenden Toten
Die Weihnacht des Jägers
Die Weihnacht hat tausend Augen
Weihnachts, wenn der Teufel kam
The Green Berets: Die grünen Weihnachtsmänner
Der Teufelsweihnachtshauptmann,
ebenfalls mit John Waynachten, siehe auch:
Der Mann, der Liberty Weihnachtsmann erschoss
Ein Weihnachtsmann muss tun, was ein Weihnachtsmann tun muss

Aus dem Leben eines Weihnachtsmanns (von Gustav Weihnachtsgans)
Der Weihnachtsmann im Mond
Drei Weihnachtsmänner im Schnee
Weihnachtsmann ist Mann
Last Christmas I gave you my Weihnachtsmann
It's raining Weihnachtsmen
Die Weihnachtsmänner vom 9. Revier
Weihnachtsmänner wie wir, Wicküler Bier!
Bis zum letzten Weihnachtsmann:
Thomas Weihnachtsmann
Katja Weihnachtsmann
Klaus Weihnachtsmann
Erika Weihnachtsmann
Golo Weihnachtsmann

Aufhören!
Gerhard Hauptweihnachtsmann
Nein!
E.T.A. Weihnachtsmann
Bitte!
Hugo von Weihnachtsmannsthal
Aaaah …!
Weihnachtsmann von Aue
Erbarmen!
Inge und Walter Frau Thomas Weihnachtsmann

Besuchen Sie uns im Internet:
www.list-taschenbuch.de

Mix
Produktgruppe aus vorbildlich bewirtschafteten
Wäldern und anderen kontrollierten Herkünften
www.fsc.org Zert.-Nr. GFA-COC-001223
© 1996 Forest Stewardship Council
FSC

Dieses Taschenbuch wurde auf FSC-zertifiziertem Papier gedruckt.
FSC (Forest Stewardship Council) ist eine nichtstaatliche,
gemeinnützige Organisation, die sich für eine ökologische und
sozialverantwortliche Nutzung der Wälder unserer Erde einsetzt.

Ungekürzte Ausgabe im List Taschenbuch
List ist ein Verlag der Ullstein Buchverlage GmbH, Berlin.
1. Auflage November 2009
© 2007 DuMont Buchverlag, Köln
Konzeption: semper smile Werbeagentur GmbH, München
Umschlaggestaltung: bürosüd° GmbH, München
Titelabbildung: © Nikolaus Heidelbach und Christine Sieber
Papier: Munkenprint von Arctic Paper Munkedals AB, Schweden
Druck und Bindearbeiten: CPI – Clausen & Bosse, Leck
Printed in Germany
ISBN 978-3-548-60878-5

Wiglaf Droste,
Nikolaus Heidelbach,
Vincent Klink
Wurst

vierfarbig. www.list-taschenbuch.de
ISBN 978-3-548-60840-2

Rezepte, Legenden, Genuss: Es geht um die Wurst. Sie ist die Legende unter den Lebensmitteln und in aller Munde. Höchste Zeit, ihr ein bisschen auf die Pelle zu rücken. Der Sterne-Koch Vincent Klink liefert die Sachkenntnis, der Satiriker Wiglaf Droste zeigt, dass ein wilder Pöbler auch mal ein sanfter Pökler sein kann, und der Illustrator Nikolaus Heidelbach porträtiert die rassige Chorizo mit ebenso liebevoller Hingabe wie die sanft geschwungene Blutwurst.

»Wer nach der Lektüre keinen Hunger hat, dem ist auf Erden nicht zu helfen.« *Die Welt*

List Taschenbuch

L352